# 中国价格改革评述：回顾与启示

王振霞　著

中国金融出版社

责任编辑：张熠婧
责任校对：刘　明
责任印制：丁淮宾

**图书在版编目（CIP）数据**

中国价格改革评述：回顾与启示／王振霞著 .—北京 ：中国金融出版社，2021. 12

ISBN 978-7-5220-1375-6

Ⅰ.①中… Ⅱ.①王… Ⅲ.①物价改革—研究—中国 Ⅳ.①F726. 1

中国版本图书馆 CIP 数据核字（2021）第 216129 号

中国价格改革评述：回顾与启示

ZHONGGUO JIAGE GAIGE PINGSHU：HUIGU YU QISHI

出版
发行　　中国金融出版社

社址　北京市丰台区益泽路 2 号
市场开发部　　（010）66024766，63805472，63439533（传真）
网 上 书 店　www. cfph. cn
　　　　　　　（010）66024766，63372837（传真）
读者服务部　　（010）66070833，62568380
邮编　100071
经销　新华书店
印刷　河北松源印刷有限公司
尺寸　169 毫米×239 毫米
印张　9
字数　136 千
版次　2021 年 12 月第 1 版
印次　2021 年 12 月第 1 次印刷
定价　36. 00 元
ISBN 978-7-5220-1375-6
如出现印装错误本社负责调换　联系电话（010）63263947

# 前言

　　从 1978 年开始，中国进入经济体制转轨和全面推进改革时期。在各个转轨国家的改革历程中，价格改革都是不可逾越的关键和难点。1984 年党的十二届三中全会《中共中央关于经济体制改革的决定》中提到："价格是最有效的调节手段，合理的价格是保证国民经济活而不乱的重要条件，价格体系的改革是整个经济体制改革成败的关键。"

　　与苏联、东欧转轨国家相比，中国价格改革具有显著的渐进性、局部性和增量改革的特点。通过价格改革、理顺价格体系、释放改革红利、促进经济增长，被国内外研究者广泛认可和推崇。经过四十多年的发展，中国价格改革进入攻坚阶段。渐进性、局部性和增量改革带来诸多久而未决的问题，使深化改革的难度不断加大。价格改革是"牵一发而动全身"的重大事件，其改革政策出台的背景、改革的推进和反复、改革效果的评价，全面体现了中国经济转轨的特殊性。

　　现阶段，虽然价格改革已经不像改革开放之初那样，是中国经济体制改革的关键和核心，但是对于中国价格改革效果的评价、反思和借鉴一直没有间断。2012 年，李克强同志在全国综合配套改革试点工作座谈会上提到"改革是中国最大的红利"。当前中国经济体制改革所面临的环境、路径选择和原则与转轨时期价格改革有诸多相似之处，认真反思中国价格改革的经验和教训至今仍有至关重要的理论和现实意义。

本书系统回顾了改革开放以来价格改革的历程，通过对事实和细节的分析，总结中国价格改革的成功经验和教训。同时，本书立足于中国的现实，重新认识转轨经济学中"渐进改革和激进改革的路径之争"。对于重大的价格改革事件，如价格双轨制、价税财联动改革等，本书均予以深入的分析。

作为渐进改革的代表，价格双轨制是中国经济体制改革的重大事件。时至今日，价格双轨制早已经完成历史使命，但是其改革的效果和历史评价对深化当前的价格形成机制改革具有重要的借鉴意义。虽然价格双轨制政策只实施了一两年，但是其对中国经济体制转轨的影响是持续和巨大的。渐进改革对增强国家经济活力、刺激经济增长、提升国内物质生产能力具有非常重要的积极意义。但是，转轨是涉及经济、政治、社会文化以及制度变迁等方面的复杂问题，并且是各项政策实施之后的最终结果。渐进改革确实提升经济增长速度，但是也带来其他方面的问题，如收入分配不平等、生态环境恶化等。这也催生了转轨经济学界提出的"高人权转轨"和"低人权转轨"之争。本书赞同 Havrylyshyn（2001）的观点，即使在最宽泛的转轨概念中，经济增长视角也是转轨的基础和核心，渐进改革对中国经济转轨的积极推动作用毋庸置疑。也有经济学家认为，检验转轨绩效的重要指标是市场发育程度，一旦确立了市场化的目标，就应尽快完成转轨，分步骤渐进转轨只有在改革目标不明确的情况下才是必要的。渐进改革容易形成新的利益集团，在深化改革的过程中将面临越来越多的困难。

价格双轨制改革的推进一方面释放改革的活力，另一方面也在短期内造成价格体系的混乱，此时，决策部门开始将改革的重点转向价税财联动的改革。转轨时期中国价税财改革的历史,反映出社会主义国家立足自身实际,探索经济发展和国家富强道路的不懈努力,是人民实践经验的总结和中国学者、改革者智慧的结晶,也是中国经济持续增长的基础。但是,价税财改革的历史也反映出,中国的经济改革依然具有明显的局部性和渐进性特点,对各项改革措施之间的相互影响缺乏整体思考,不仅加大了深化改革的难度,某些改革措施的实施甚至背离改革的主线。对改革缺乏整体思考可能出现各项改革之间不能有效互补,甚至相互掣肘。一个体系中的各种制度具有战略互补性,某一项或几项制度发生变革,其他的制度如果不进行相应的变化,就会与新制度不相配合,对新制度的实施产生阻碍。当前,诸多研究呼吁用转轨时期价税财联动改革的思路来解决现实中的问题。如通过资源税改革推进电力等资源能源价格改革、通过房地产税改革进行房地产市场调控等。对待当前改革的问题,需要借鉴历史经验,并吸取教训。在推出具体改革措施之前,要在顶层设计中明确市场化改革的主线,分步实施,整体推进。

在重点回顾价格改革重大事件的基础上,本书重点分析当前价格改革的难点和重点之一——资源能源价格改革问题。研究的思路依然是通过回顾资源能源价格改革的历史进程,提出当前改革难点形成的历史原因和特殊性,并提出深化改革的建议。本书提出,经济转轨时期对资源能源价格和体制改革的讨论已经趋于成熟,市场化改革的方向也较为明确。但是,由于对能源行业特殊性的理解不同,改革方向发生了明显的变化。中共中央、国务院印发了《关于深化石油天然气体制改革的若干意见》,明确了深化石油天然气体制改革的指导思想、基本原则、总体思路和主要任务。其核心思想是,在维护国家能源安全、保障安全生产、促进节能环保的基础上,坚持问题导向和市场化方向,体现能源的商品属性。这表明,政府已经在资源能源改革难以推进的根源问题上达成共识，只有坚持这个改革的方向才能真正推动价格的深水区改革。本书认为，应借鉴转轨时期的经验，从对基础理论的探讨出发，认清资源能源产品的属性，研究垄断行业的特征、政府管制的方式和效果，找准改革的方向。应认真研究指导资源能源价格改革的基础理论。明确资源能源的商品属性，坚持市场化的改革方向。遵循转轨时期的经验，对资源能源实施分步骤改革。在资源能源价格改革中重视经济手段，避免改革进程的反复。

时至今日，一般商品价格形成机制已经基本完成市场化改革，价格工作的重点一方面是宏观价格管理，另一方面则是对重要商品价格的干预。但是，宏观价格管理与微观价格干预之间的界限不清，导致调控难度越来越大。比较突出的表现是，近年来房地产、股市价格波动、基本生活品价格上涨等，根本原因主要是货币供给导致的广义价格总水平波动，属于宏观价格调控的范畴。但是，在实际的政策取向上，往往采取限制价格波动幅度、限购、限贷等微观价格干预措施，这样不仅不能起到稳定价格的作用，反而会导致价格暴涨暴跌，危害经济安全。为了深入分析这个问题，我们选取房地产市场和股票市场作为研究对象，系统地分析在特殊的制度环境下，以简单地限制价格为代表的微观价格干预行为可能产生的不良后果。

2018年是中国改革开放40周年，2019年是新中国成立70周年，在这个特殊的时期，非常有必要对价格改革这一重大历史事件作出全面的评价。本书提出，"十三五"时期是深入推进价格改革、全面实现价格工作创新的关键转型期。党的十八届三中全会《中共中央关于全面深化改革若干重大问题的决定》提出，紧紧围绕使市场在资源配置中起决定性作用，深化经济体制改革，明确要求完善主要由市场决定价格的机制，凡是能由市场形成价格的都交给市场。党的十九大报告明确指出着力构建市场机制有效、微观主体有活力、宏观调控有度的经济体制，不断增强我国经济创新力和竞争力，这些目标的实现必须发挥价格机制的资源配置作用。深化价格改革、完善价格管理方式，是促进供给侧结构性改革和提升企业竞争活力的关键所在。

当前，影响物价走势的各类因素相互交织，价格调控难度不断加大。资源能源、教育医疗、公共服务等价格深水区改革进入攻坚阶段。随着市场业态的不断创新，价格管理体制面临诸多新挑战。在这种情况下，总结改革开放40年来价格改革的经验，对深化当前改革，采取积极有效的应对措施具有重要的意义。

首先，应深入研究指导价格改革的基础理论，鼓励学术争鸣。从中国价格改革历史进程不难看出，深入的理论研究、自由广泛的争论和探讨、理论界与决策部门通畅的沟通机制是改革成败的关键所在。无论是价格双轨制改革、价税财联动改革，还是市场化改革，转轨时期以价格改革为代表的经济体制改革均是在自由讨论的氛围下开展的。在这个过程中，理论家逐步认识到僵化地理解马克思主义政治经济学的概念、片面地否定西方经济学的作用将导致对很多重要的问题认识不清，无法为深化改革提供理论依据。百花齐放、百家争鸣是探索真理、发现真理的重要途径。以资源价格改革为例，从"资源能源商品没有价格"到"逐步完善资源能源价格形成机制"是转轨时期基础理论探索和争论的巨大进步。当前，涉及价格深水区改革，也应重视对基础理论的研究，包括自然垄断行业引入竞争、资源能源产品的完全成本定价、国内外价格联动的规律等。这对指导未来的改革方向至关重要。

其次，坚定市场化改革的原则，逐步形成反应灵活的价格体系。明确在自然垄断行业引入竞争机制，进一步推进价格改革。从价格改革历史看，一旦涉及供水、电力和交通运输等带有自然垄断特点的行业，价格改革推进难度就非常大。实际上，从国外发展经验看，有多种手段可以实现在自然垄断行业的不同环节引入竞争机制。要坚持市场化改革的导向，坚定不移地执行中央文件多次明确提出的在垄断行业中引入竞争的有关措施。但是，也应该看到，这些改革都是在与居民生活相关度较高、长期被管制的领域，其改革难度大、涉及面广，改革效果难以保证。改革过程中供求关系的快速变化、利益集团的阻碍和掣肘，以及由成本上升带来的产业竞争力的下降和居民生活成本上涨等，不仅是重大的经济问题，也是关系到社会和谐稳定的政治问题。

再次，以价格形成机制促进市场竞争，优化资源配置。价格改革的重要作用是发挥价格的信号作用，以竞争促进供给质量的提升和消费品价格的下降，增强企业活力，增加社会财富和居民福利。对于已经放开由市场形成价格的产品，要重视相关价格管理制度的建设，鼓励公平竞争，严厉打击价格欺诈行为。对于尚未放开由市场形成价格的垄断商品，要借鉴转轨时期的经验，实施分步骤改革。具体来说，在相关理论的指导下，明确垄断商品价格改革的路径，在适合竞争的环节引入竞争，鼓励企业降低成本。之后，理顺产业上下游各环节的关系，制定调价的合理界限。

最后，明确价格改革的顶层设计，重视改革时机的选取。深化价格改革需要顶层设计，运用各种配套政策实行综合改革，这涉及财税金融、政府绩效评价、社会保障等各项政策综合改革。从价税财改革的历史看，综合改革更加复杂和艰巨，涉及的范围更加广泛。深化价格改革需要慎重选择时机，避免在价格总水平波动比较剧烈的时期推进。同时，要更加重视运用经济手段予以调节，避免改革进程的反复。市场化的改革方向并不意味着完全的放开，不加管理。但是，政府价格调控不宜改变价格定价机制的透明性和可预期性。虽然当前价格管理部门主要通过税收等经济手段引导价格形成，而不是直接定价，但是由于政策制定的透明度不够，诸如税收等价格调控手段有明显的随意性，这将影响消费者的预期，不利于未来价格调控的顺利推进。

在经济发展新常态下，影响物价走势的各类因素相互交织、相互影响，准确判断和预测价格走势的难度不断加大。物价走势的复杂性也对制定宏观调控政策提出新的挑战。虽然经济稳速增长和结构调整正在成为新常态，但是以往制定宏观政策的惯性依然存在，并可能随时改变市场预期。在这种情况下，应理性看待当前物价走势的新特征，以及可能发生的新变化，只有正确认识物价调控工作的新挑战和难点，才能积极制定应对措施。

当前，应继续积极推进资源能源、教育医疗、公共服务等价格深水区改革，这有助于充分发挥市场配置资源的决定性作用，是国家全面改革的重要抓手。推进和深化价格改革，需要关注民生事业，改革不能以牺牲低收入群体的福利为代价，这样才能保证改革的持续性。针对近年来国内外市场价格联动趋势明显的特征，密切关注国内外市场重要商品走势也是价格调控工作的重要组成部分。

目前，大多数商品已经基本实现市场定价，政府定价或者政府指导价只在小范围内保留。这就使得价格主管部门直接管理价格的工具不足，必须依靠创新价格管理手段，才能找到有效地开展价格工作的着力点和可行途径。特别是随着消费形式发生变化，国内电子商务行业发展日益完善，网络购物成为居民消费的重要形式之一。正是由于这种变化，电子商务等新兴业态和网络购物等消费行为开始呈现多样化，随之而来的价格欺诈行为趋于隐蔽化，而当前的相关法律法规建设仍不完善，导致价格监管和维护市场秩序的难度不断加大。未来需要密切关注国内外经济形势、技术水平以及供求关系的变化，不断创新价格管理手段，维护正常稳定的市场秩序。

# ── · 目录 · ──

# 第1章　中国价格改革的历程和基本特征[①]

对中国经济转轨时期价格改革的评述是转轨经济学研究的重要内容。当前深化中国经济体制改革面临的环境、路径选择和挑战与转轨时期价格改革有诸多相似之处。时至今日，认真反思中国价格改革的经验和教训仍然具有至关重要的理论和现实意义。本章通过回顾中国经济转轨时期价格改革的历史沿革和特征，分析转轨时期价格改革的经验和教训，以期为进一步深化改革提供有益的借鉴。

从 1978 年开始，中国进入经济体制转轨和全面推进改革时期。在各个转轨国家的改革历程中，价格改革都是关键和难点。对价格改革复杂性、艰巨性和必要性，1984 年党的十二届三中全会《中共中央关于经济体制改革的决定》中提到："价格是最有效的调节手段，合理的价格是保证国民经济活而不乱的重要条件，价格体系的改革是整个经济体制改革成败的关键。"

与苏联、东欧转轨国家相比，中国价格改革具有明显的渐进性、局部性和增量改革的特点。通过价格改革、理顺价格体系、释放改革红利、促进经济增长，被国内外研究者广泛认可和推崇。经过四十多年的发展历程，价格改革进入攻坚阶段。渐进性、局部性和增量改革带来诸多久而未决的问题，使深化改革的难度不断加大。价格改革是"牵一发而动全身"的重大事件，其改革政策出台的背景、改革的推进和反复、改革效果的评价，全面地体现中国经济转轨的特殊性，回顾和总结中国价格改革的历程，对当前深化经济体制各领域改革都具有重要意义。

---

[①] 本章的主要内容发表于《改革》2014 年第 3 期。

# 1.1　中国转轨时期价格改革的历程

20世纪70年代末，僵化的计划经济体制极大地束缚了社会生产力，打破旧体制的禁锢，实现经济转轨，促进经济发展和提高居民生活水平，成为共识和迫切需要。

## 1.1.1　改革的路径之争

从当时的研究文献看，社会各界对改革路径选择的认识并不统一。改革路径的选择包括回到旧中国、用"三民主义"统一中国；回到新中国成立后到社会主义改造前的新民主主义秩序；全盘西化，走欧盟式资本主义道路；重建传统的社会主义模式；或者探索一条新的、具有中国特色的社会主义道路等多种方式（李德伟等，1989）。

从当时官方文件来看，也存在对不同道路的争论。1981年4月，中共中央书记处研究室印发内部材料，通过整理各类言论，提出经济体制改革路径可以分为四类：第一类坚持计划经济；第二类将计划调节和市场调节并列；第三类主张宏观和微观经济分别实行计划和市场调节；第四类主张商品经济①。

最终，中国改革路径选择在保持社会主义基本经济制度不变的条件下，发挥市场机制在资源配置中的积极作用；缓解商品短缺、提高居民生活水平成为中国经济转轨的指导方向和目标。在如何发挥市场机制积极作用中，始终存在着"以价格改革为突破（协调改革）还是以企业制度改革（所有制改革）为突破"的争论。从官方文件来看，这两个方面都受到中央决策部门的重视。1984年在《中共中央关于经济体制改革的决定》中提到，增强企业活力是经济体制改革的中心环节，而价格体系的改革则是整个经济体制改革成败的关键。

在经济转轨改革之初，价格改革的核心地位更加显著，原因可以概括为以下几个方面：一是改革初期商品短缺严重，价格形成机制和管理体制

---

① 柳红. 八〇年代：中国经济学人的光荣与梦想 [M]. 桂林：广西师范大学出版社，2010.

极为僵化，如何把"价格弄对"成为改革迫切需要解决的问题；二是与企业制度改革为代表的所有制改革相比，价格改革对基本经济制度的触动较小，更加容易接受；三是政府和有关部门具备运用价格手段调节生产的经验，特别是运用价格手段促进农业生产的成功为后续改革积累了经验。20世纪50年代初，中央政府为恢复工农业生产、增加农民收入、缩小城乡差距，采取提高经济作物和畜产品价格的政策，缩小工农价格"剪刀差"。1976—1977年，国家计委先后在南方和北方召开物价工作会议，并恢复物价工作机构，大幅调整农副产品收购价格。党的十一届三中全会公报对提高农产品收购价格的必要性、提高主要农产品收购价格和超购加价幅度作了重要论述。加之农村家庭联产承包责任制的开展，农村经济得到极大的发展。随后，国家将农村改革的经验运用到城市商品价格改革中，陆续调整纺织产品价格，放开部分小商品价格由市场调节，开始将农村价格改革的经验引入城市，展开城市价格改革。城市工业生产资料价格改革是整个价格改革工作的难点和重点。工业生产资料作为中间投入产品，其价格变化必将引致上下游产品价格波动，扩大价格调整的影响范围，改革的阻力也会加大，是"牵一发而动全身"的改革。这就决定了城市工业生产资料价格改革不能简单地调整价格水平，而需要采取更加谨慎、稳妥的改革方案。

### 1.1.2　价格双轨制的产生和弊端

在1984年莫干山会议的讨论中，专家学者重点讨论城市工业生产资料价格改革，并提出不同方案，大致可以分为三种方式：一是在现有计划价格的基础上，按照供求关系、价格承受力，进行价格调整，确立合理比价关系（体系派）；二是主张调放结合，国家培育市场的价格"双轨制"（体制派）[①]；三是主张放开价格由市场自由形成。其中，前两种主张成为价格改革的主流意见。

所谓"体系派"的调价主张，关键是在科学地核算"供求平衡价格"的基础上，综合运用财政、税收、贸易、金融工具。在充分考虑到克服不

---

① 华生，张学军，罗小朋.中国改革十年：回顾、反思和前景［J］.经济研究，1988（12）.

良的周期性波动，防止过高的通货膨胀率，争取收入分配的合理化及支持国民经济长远发展战略的前提下，使主要产品的定价有利于出现供求平衡的局面（楼继伟、周小川，1984）。"体制派"则认为，与市场形成价格的机制不同，政府并不具有计算均衡价格的能力。"体制派"不反对调价，而是要以市场价作为参照系，降低信息成本和制约企业"搭便车"之后的调价，调价只是手段，在充分发挥市场机制优势之后实现"多价归一"（华生等，1988）。

从两者之间的观点来看，"体系派"更多关注新机制（市场定价）的缺陷，即在不完善市场条件下价格波动的盲目性；而"体制派"更加关注旧机制（计划定价）导致经济运行僵化等缺陷，主张改革价格形成机制和管理体制。从"莫干山会议"之后的价格改革实践来看（1984—1986年），以"价格双轨制"为代表的价格形成机制和管理体制改革成为中国价格改革更有新意的提法，也得到中央政府有关部门和领导的关注与认可。正是由于"双轨制"倡导者对旧机制缺陷的深刻认识，"价格双轨制"在"破旧"方面表现得较为出色。由于"牌价"和"市价"之间差价带来的巨大利润，在一定程度上鼓励了生产、繁荣了市场，促进经济增长。但是，"价格双轨制"最初希望顺利地过渡到市场定价、"多价归一"的目标并没有顺利实现。由于计划内和计划外两轨之间价差不断扩大，价格配置资源的信号作用被削弱，囤积居奇、扰乱市场秩序、倒买倒卖等现象严重。价格双轨制的渐进性催生经济改革的利益集团，使得深化改革和"多价归一"的目标很难实现。与新中国成立之初不同，20 世纪 80 年代出现的贪污腐败、官僚主义等问题已经从政治上的"阶级斗争"① 转为单纯的"经济问题"，很多具有官方背景的"红二代""官二代"成为价格双轨制的直接受益者。1986 年 1 月 17 日邓小平在中央政治局常委会会议上的讲话中，着重

---

① 史斌在《中国共产党反腐倡廉的历史回顾（五）——开展"三反""五反"运动，巩固新生人民政权（1949 年 10 月—1956 年夏）》（《上海党史与党建》，2001 年 6 月）中写道：1951 年 10 月，在全国工农业战线开展的爱国增产节约运动中，揭发出大量贪污、浪费现象和官僚主义问题，引起了党中央和毛泽东的严重注意。1951 年 12 月 1 日，中共中央发出《关于实行精兵简政、增产节约、反对贪污、反对浪费和反对官僚主义的决定》。12 月 8 日，中共中央又发出《关于反贪污斗争必须大张旗鼓地去进行的指示》。在这个阶段，中国反腐倡廉的主要工作集中在中央以及省市等范围，为肃清基层贪污腐败、官僚作风等现象，中央开始倡导"新三反"运动。

批判部分"官二代"存在严重的违法行为。虽然当时主要涉及的是泄露经济情报、卷入情报网、出卖消息、出卖文件等，但是实际上这些"官二代"中很多成为 20 世纪 80 年代价格双轨制中"官倒"的主要成员。有的研究将双轨制描述成"冲突型"过渡体制，即一种商品实行两种价格，造成计划内产品纷纷流到计划外，而计划外部分又层层转手，大量国家财富落入私人和小团体的腰包（郭树清等，1985）。

### 1.1.3　"价税财联动"的步履蹒跚与价格闯关

当然，价格双轨制的倡导者本身也看到了这种体制的暂时性和过渡性，并承认双轨制没有完全发挥作用，与市场机制建设不健全、政治体制改革滞后有关。但是，扰乱市场秩序和腐败问题使政府和社会民众极为不满。为了尽快解决价格双轨制带来的混乱，中央政府和有关部门开始着手部署深化价格改革。"体系派"倡导的"价税财联动"整体协调改革方案成为深化改革的选择之一。1984 年中共十二届三中全会《中共中央关于经济体制改革的决定》和 1985 年中国共产党全国代表会议《关于制定国民经济和社会发展第七个五年计划的建议》中，中央提出了以价格体制、税收体制和财政体制为重点进行配套改革的设想。

价格、税收、财政和货币之间关系的处理一直是经济转轨国家遇到的巨大困难。价格改革直接影响资源配置流向和利益分配，而价格改革与税收、财政、金融联动将进一步扩大改革涉及的范围，其难度和复杂性也将加大。由于联动改革涉及的范围过广，牵扯利益主体较多，并且需要大量复杂的实际测算工作，其提法并没有得到广泛的认同。此外，当时由于反资产阶级自由化、维护社会安定团结等需要，中央政府改革者对于价税财联动的方案并不十分赞同，这也就决定了价税财联动改革难以推进的命运①。

由于价格双轨制带来的腐败问题和价税财联动的难以推进，政府和学术界诸多研究开始质疑经济体制改革是否应以价格改革为核心和突破口。如有的研究提出，价格说到底是市场当事人之间转让所有权的交易条件，没有有效的所有权就不可能有真正的价格体系……价格改革只能是企

---

① 刘伟.1988 年中国"物价闯关"研究［D］.北京：中共中央党校，2011.

业改革的归宿。况且，在短缺经济中存在较多的数量配额的条件下，力图放开价格来刺激经济趋于稳定增长是不现实的①。中国经济体制改革必须选择以企业体制改革作为突破口的思路（厉以宁，1988）。在某种程度上，中国价格改革应让位于企业制度改革，由经济体制转轨的核心转变为配套改革措施。

但是，当时物价飞涨和价格信号混乱，导致包括企业制度改革在内的多项体制改革难以推进。1988年9月，邓小平提出："真正建立秩序，不理顺价格不行，价格没有理顺，就谈不上经济改革的真正成功。"② 一方面价格改革滞后对其他改革的制约作用日益明显，另一方面双轨制受益者阻挠改革，而随着部分商品价格已经接近放开，国家控制价格的能力越来越弱。为了社会稳定，国家财政需要不断投入巨额补贴来平抑价格波动的影响。这导致财政压力越来越大，急于解决价格形成机制问题的情绪越来越浓，要求尽快渡过价格改革的难关。在这种情绪的影响下，采取"价格闯关"这种激烈的改革方式成为必然选择。

"价格闯关"的总体措施是实现"国家调控市场、市场引导企业"，利用五年的时间，初步理顺价格关系。同时，利用工资改革和"暗补改为明补"解决价格上涨给人民基本生活带来的负担。由于当时宏观环境较为宽松，并且长年累积的通货膨胀预期早已形成，"价格闯关"导致物价飞涨，全民抢购，黑市、倒卖现象更加严重，"价格闯关"被迫中止，中央政府采取保值储蓄、稳定农产品价格、实现工资改革和稳定宏观环境等一系列手段治理和稳定物价。

### 1.1.4 市场机制的初步形成

从1979—1989年中国价格改革历程看，无论是价格双轨制、价税财联动，还是"价格闯关"，各种方式的价格改革路径都是人民实践经验的总结和中国学者、改革者智慧的结晶，体现了中国经济转轨的特殊性、复杂性和艰难。直至20世纪90年代，价格改革问题似乎变得不再那么复杂，甚至

---

① 国家经济体制改革委员会综合规划司. 中国改革大思路 [M]. 沈阳：沈阳出版社，1988.

② 邓小平. 邓小平文选（第三卷）[M]. 北京：人民出版社，1993.

经历了 1994 年严重的通货膨胀，中国也没有再出现抢购风潮。同时，经济体制改革的重心已经转向财税体制改革、金融体制改革和外贸体制改革。"八五"期间以后，中国政府延续价格改革的主要内容包括：完善社会主义市场经济体制建设，建立和健全合理的价格形成机制和价格管理体制；逐步完善国家对少数重要商品和劳务价格管理的方式；探索对垄断商品定价机制的改革；深化资源能源等要素价格形成机制的改革；健全完善调控价格总水平的政策工具；推进部分产品价格与国际市场价格相适应，等等。

按照 2001 年 7 月 4 日公布的《国家计委和国务院有关部门定价目录》，属于政府定价的产品只保留 13 种（类），包括重要的中央储备物资，国家专营的烟叶、食盐和民用爆破器材，部分化肥，部分重要药品，教材，天然气，中央直属及跨省水利工程供水，电力，军品，重要交通运输，邮政基本业务，电信基本业务和重要专业服务。至此，从形式上看，以市场定价为主的价格形成机制已经确立，政府定价和政府指导价仅作为保障国计民生产业的手段，以及弥补市场定价缺陷的有益补充。

## 1.2　中国转轨时期价格改革的评述

与休克疗法相比较，中国经济转轨的渐进性、局部性和增量改革因其平稳推进、阻力小等特点而得到很多正面的评价。由于以价格改革为代表的经济体制改革的路径并不僵化（Perkins，1988），采取"摸着石头过河"的改革方式，是以经济利益最大化为目标，保障中国改革开放以来经济持续增长和社会基本稳定的成效，以事实反击"华盛顿共识"（Stiglitz，1998）。价格双轨制改革被认为是"天才的构想"。

但是，也有的研究认为，中国经济转型价格改革从长期来看存在诸多问题，价格改革指导思想并不是理论研究的创新，而是理论研究与现实操作之间的妥协与相互适应，在减少阻力和争论的前提下解决不断出现的新问题。从长期来看，深化改革的难度将越来越大，甚至会最终导致改革失败。Jeffrey Sachs、胡永泰、杨小凯（2003）[①] 提出，经济转轨双轨制产生了

---

① Jeffrey Sachs，胡永泰，杨小凯. 经济改革和宪政转轨［J］. 经济学季刊，2003（4）.

非常高的长期代价，"大大超过它赎买既得利益平滑转型的短期好处"。这篇被称为"为休克疗法辩护之作"的文章中还提到，较之苏联国家，中国之所以会取得经济持续增长的成果，主要原因在于向发达国家工业化模式的学习，也学习了亚洲四小龙等先进理念（经济特区、贸易优惠、引进外资等），但长期深化改革的成本会越来越高。国内很多研究虽然并不同意从长期看休克疗法改革更加彻底和有效的观点，但是也逐渐认识到现阶段转变经济发展方式和深化价格改革、释放改革红利的困难和艰巨，并引发对转轨时期改革的深思。

### 1.2.1　重新认识渐进式改革和增量改革

与休克疗法式改革相对应，渐进式改革的优势表现在三个方面：一是保证改革过程的可控性和灵活性；二是避免强烈的损害利益集团的既得利益，避免社会动荡和资源浪费；三是不以私有化为改革的目标，避免资产存量再分配导致的不公平和由此产生的冲突（林毅夫等，1993）。增量改革是渐进式改革的重要特征，是在不触动存量基础上的改革。在苏联经济转轨过程中，其国内绝大部分企业员工、农民都被纳入国家社会福利和保障中，激进的改革将损害大部分人的既得利益，遭到全社会的反对，推进改革异常困难（Sacks 和 Woo，1994）。

中国的经济体制改革是从生产和生活水平最低的领域推进的，具有较大的空间，成效也较为明显。以价格双轨制推进为例，对于制成品生产者（包括"官倒"等群体）而言，在短缺经济体制下，放开价格管制必然使得价格上涨，所以其愿意实现市场定价。对于生产资料厂商而言，只要制成品售价上涨，使其成本上涨能顺利转嫁，那么双轨制也就符合其经济利益。对于消费者而言，当时的主要社会矛盾是商品短缺，涨价带来的商品丰富也使其受益。加之财政补贴，当时的价格改革确实是帕累托改进。

但是，渐进式改革的缺陷在于改革的推进速度、改革的时机选择等问题由政府掌握，不能有效利用市场机制。同时，随着渐进式改革的推进，必然会形成新的既得利益集团，成为深化改革的阻力。深化改革不得不采取如"价格闯关"这样激烈的方式，改革成本将增加。

张五常（1974）在对价格控制理论的描述中提到，价格控制导致的短缺是为了给等级制的社会秩序提供正当理由而故意造成的①。按照这个理论，价格控制创造的租值将有利于掌握资源群体收入的正当性。只要既得利益集团存在，价格控制和"租值耗散"就存在。现阶段，价格双轨制期间表现在钢铁领域中的"寻租"现象依然存在于能源、资源等要素市场定价中，并且形式更加隐蔽，未来深化改革的难度将越来越大。

中国要素市场价格改革主要包括资源能源、资金（汇率、利率）、劳动力以及部分无形资源（如无线通信频道）等。在计划经济时代，相比于工业制成品和消费品，资源能源等要素价格管制更加严格。林毅夫等（1993）指出，"计划经济条件下的价格测算可以分为两大部门，一类部门是在高于均衡价格的计算价格（或会计价格）下生产，另一类部门是在低于均衡水平的计算价格下进行生产。在前一种情形下，因为生产部门获得较高的计算价格，提供大于均衡水平的产品，所以较高的计算价格实际上是引导该部门在较高的边际成本状态下生产过剩产品。在后一种情形下，部门得到的计算价格低于计划均衡水平，其产品短缺，如农业、能源、交通等基础部门规模大、回收期长、价格波及效应强的特征，往往处在不利的计算价格下，因而长期、持续地不能摆脱国民经济瓶颈的地位"。

与扭曲价格体系、保障重工业优先发展相比，现阶段要素价格改革的滞后仍然是由经济增长方式决定的，这不仅降低资源要素配置效率，还将通过收入分配机制产生财富转移。张曙光、程炼（2010）通过测算，指出要素价格低估产生的财富转移效应主要有四个方面：一是财富从一般部门向行政性垄断部门的转移；二是财富从个人向政府转移；三是财富从劳动者向资产所有者转移；四是财富在穷国与富国之间逆向转移。有的研究将要素价格改革滞后产生的严重后果称为"新双轨制"，即以公共权力为背景，自下而上寻找和套取已市场化的商品、服务价格体系和远未市场化的资金、土地、劳动力等要素价格体系，这两大体系之间存在巨额租金（钟伟，2005）。从要素价格形成机制改革的现状来看，与计划经济时代相比，尚没有根本性的突破，这也说明中国的价格改革远未成功。

---

① Cheung Steven N. S. , A theory of Price Control [J]. *Journal of Law and Economics*, 1974, 17: 53~71.

### 1.2.2  关于局部改革和整体改革

改革是否能顺利启动并沿着既定的目标进行，取决于对改革事前约束和事后约束的处理（Roland，2002）。局部改革是缓解事前约束和事后约束的方法之一。

与渐进式改革和增量改革一样，局部改革也存在明显的缺陷，主要表现在两个方面：一是经济体制改革是系统工程，由于与之相关的其他改革措施的滞后，局部改革很可能陷于困境甚至失败；二是局部改革的目的之一是积累改革的经验，而后在不同领域进行推广，扩大改革的成绩。但是，因为试点单位自身条件、经济发展阶段、所处外部环境不同，以及获得国家政策支持等因素，与全国其他单位均不同，所以，局部改革的经验难以复制，试点单位经验不足，向全国推广存在很大的困难（郭树清等，1985）。

当然，对于中国经济体制改革是否表现出局部改革的特征，理论界也存在争论。如蔡昉（2009）提出"深入考察中国经济改革的历程，我们可以发现，在整体上表现为只涉及增量变化的循序渐进特点的同时，在不同时期、不同阶段和不同领域，也交织着涉及存量变化的相对激进的改革……无论是从局部效果还是阶段效果来观察，其实改革都是整体推进，并不存在实质上超前或滞后的领域"①。时任国家体制改革委员会顾问安志文提到，"在改革的初始，由于缺乏经验，理论准备不足，人们认识的局限性较大，不得不采取'摸着石头过河'，走一步、看一步的办法。即便如此，我们也并未放弃对改革总体方案的研究设计"。

"价税财联动"在中国价格改革过程中表现出整体改革的特征。价税财联动的起点是对价格水平的测算。通过模型计算，分批次、小幅度调整价格，而后根据现实反馈调整调价幅度和方向，逐步靠近供求价格体系。同时，运用财税工具（广义上还应包括金融工具、流通手段和贸易工具），避免价格调整可能带来的通货膨胀、经济周期性波动、分配不均以及社会难以承受等问题（楼继伟、周小川，1984）。

① 蔡昉. 中国经济转型30年 [M]. 北京：社会科学文献出版社，2009.

价税财联动的整体改革方案有两个目的：一是通过宏观政策工具为市场主体提供公平竞争机会，价格的资源配置功能更多地表现在提高竞争效率方面，而财政税收手段更加追求公平；二是可以避免市场经济运作中的失灵，保障正确的改革方向。

时至今日，价税财联动仍然被认为是深化经济体制改革的重要手段。如针对目前中国在资源价格、不动产价格等方面，依然存在比价关系不合理、价格形成机制扭曲等问题，可以采取以营改增的方式推进产业结构优化、以开征资源税的方式推动资源能源价格改革、以房产税试点的方式优化收入分配等（贾康，2012）。应该看到，在不完全竞争条件下，市场形成价格的机制将可能导致市场失灵。再加上财税改革的联动，其影响范围必将更加广泛，导致价格更加偏离均衡价格，市场主体资源配置和利益格局剧烈变化，加大改革难度。"价税财联动"改革的历程、经验和教训值得价税领域改革借鉴。

## 1.2.3　关于改革的社会氛围和决策过程

回顾中国转轨时期的改革，决策过程和社会讨论的氛围有诸多有益之处值得探讨和深思。"在 20 世纪 80 年代中国改革开放的实践中，在重大政策和决策的出台过程中，形成了最高决策层、学术界、地方党委和政府、基层之间良性互动的机制。学术界专家学者的建设性意见或建议可以通过各种渠道迅速传递到最高决策层；最高决策层也会很快将其中比较有价值的政策建议批示到党政有关部门，并提出意见；然后中共中央领导人带着学术界与部门的意见和建议深入省、地（市）、县以及基层厂矿和农村，与地方、基层干部和普通群众讨论相关问题。或者是发现基层涌现出的新事物，批转部门与地方领导机关调研，交由学术界论证。然后，一线领导人对来自各方面的信息进行加工处理，权衡利弊得失，辅以其自身的经验和判断，综合起来形成一套比较系统、完整的政策方案……总体而言，这一过程体现了决策的科学化和规范化要求，是对决策规律的一种理性把握"[①]（刘伟，2011）。

---

① 刘伟.1988 年中国"物价闯关"研究［D］.北京：中共中央党校，2011.

对于价格改革过程中允许存在差异、争论甚至是截然相反的观点和提法也是顺利推进改革的关键内容。林毅夫等（1993）指出："纵观中国改革的历程，虽然一直没有形成与主流意见相抗衡的共识集团，但是在改革的力度、时机和措施的偏好上仍然存在分歧，表现为以稳定为主的改革主张和以速度为主的改革主张，在两种主张具有均等的影响力条件下，它们的同时存在和相互制衡是十分有必要的，这既可以保证改革的非激进性，也可以保障改革的不可逆性。"

此外，站在学术讨论和研究的角度，中国价格改革的历史过程也为当前提供了很多有价值的借鉴。介于正式与非正式之间的莫干山会议，通过激烈的争论和反复的讨论，其形成的学术性观点可以成为主导中国价格改革的关键意见，这也说明公开讨论和争论改革的关键问题对于认清形势、准确把握改革方向具有重要的意义。

## 1.3 价格改革中的通货膨胀和货币政策

除改革的路径分析之外，通货膨胀和货币政策是转轨国家价格改革面临的另一个重要问题。转轨国家普遍呈现短缺经济特征，推进价格改革会由于投资、消费需求增加导致价格总水平上涨。在中国价格改革最初的十几年中，中国遇到三次严重的通货膨胀。经济转轨时期，对于价格改革、总需求管理和货币政策的讨论主要集中在两个方面：一是总需求膨胀的原因是什么？二是宏观政策和工具，特别是货币政策对抑制和治理通货膨胀是否具有重要的影响作用。

华生等（1988）认为，总需求膨胀的起因可能不是或主要不是政策上的失误，而是经济体制本身缺少内在的约束力；不是或主要不是宏观指导思想出现偏差，而是微观经济基础的构造不合理。在新旧体制共存的时期，政府已经失去对企业职工工资和消费和对非国有企业直接控制，消费膨胀将成为导致通货膨胀的重要因素。这个趋势使得紧缩政策不仅不能缓解通货膨胀，还会制约经济发展。与总需求膨胀原因认识相对应，文章认为货币政策是经不起检验的，由于现代金融技术的发展，货币本身的定义已经日益模糊，因而现在很难确定哪一个货币概念能作为经济分析的较好工具并分析货币流通速度的稳定性问题。虽然有诸多文章对这个观点进行反驳（石小敏等，1989；李德伟等，1989），但是从实际情况来看，这个观点成为当时应对通货膨胀的主流意见，为了维持经济增长，流动性并没有进行紧缩，也导致 20 世纪 80 年代末通货膨胀失控。时至今日，对于货币政策与通货膨胀之间的关系，在中国价格改革和宏观调控的过程中仍然存在争论。在中国经济转轨阶段，确实有一段时间的数据表明流动性增加与通货膨胀之间并没有表现出正相关关系。如 Sacks（1994）曾提出转轨时期中国的 $M_2$/GDP 持续走高（1979 年为 37.5%，1985 年为 60.8%，1989 年为 74.6%，1990 年为 86.5%，1991 年为 97.8%，1992 年为 106.1%），但并没有带来持续、严重的通货膨胀。Sacks（1994）解释认为，改革带来国有企业经济效益的变化，而政府对非国有企业的控制难度加大，导致国家税收的急剧下降。可是持续推进价格改革就必须依靠补贴的不断增加，这两个方面的原因导致财政收入规模不断缩小，难以维持改革的推进。

表 1-1　改革时期中国及苏联、波兰、匈牙利国家财政收入占 GDP 比重变化

单位:%

| 时间 | 中国 | 苏联 | 波兰 | 匈牙利 |
|---|---|---|---|---|
| 1978 年 | 34.8 | 47.1 | — | — |
| 1984 年 | 26.5 | 49.6 | — | — |
| 1987 年 | 22.8 | 52.8 | 34.3 | 59.1 |
| 1990 年 | 19.9 | 47.2 | 32.5 | 57.4 |
| 1991 年 | 18.4 | 35.1 | 22.8 | 52.4 |

如果不能维持财政补贴就会导致改革中止，而如果以巨大财政赤字和发行货币来维持补贴，那么可能会出现恶性的通货膨胀。与苏联和东欧国家相比较，中国的价格改革也需要维持较高的财政补贴，但是中国并不是仅仅通过金融机构对财政借款来实现补贴的，而是更多依靠中央银行向商业银行贷款，从而补贴企业来实现的。居民存款的增加客观上抑制了消费需求的膨胀，避免通货膨胀的发生。

表1-2　中国财政和中央银行对企业和价格补贴占 GDP 比重　　　　单位:%

| 时间 | 价格补贴 | 企业损失补贴 | 中央银行对商业银行贷款 | 总补贴 |
|------|---------|------------|------------------------|--------|
| 1978 年 | 0.3 | 3.2 | — | — |
| 1984 年 | 3.1 | 2.9 | — | — |
| 1988 年 | 2.2 | 3.2 | 2.6 | 8.0 |
| 1989 年 | 2.3 | 3.7 | 2.6 | 8.7 |
| 1990 年 | 2.1 | 3.3 | 3.8 | 9.2 |
| 1991 年 | 1.9 | 2.6 | 3.4 | 7.8 |

　　长期以来，中国 $M_2$/GDP 比重仍然较高，很多研究依然运用居民储蓄增长对消费需求抑制来解释流动性与总需求膨胀并无必然关系。但是，长期以来，中国企业和政府投资软约束问题并没有解决，反而随着对经济增长的追求而变得更加严重。在没有放开价格时，价格调整的受益者并不是企业；价格放开之后，在通货膨胀过程中，放权之后的国有企业，由于其自身预算软约束的问题，可以轻松得到银行帮助，无论是否适销对路，通货膨胀对他们都有好处。地方政府也倾向于实施宽松政策，经济增长快、收入提高，可以更有效地抵御通货膨胀（黄志凌，1995）。在这个条件下，即使居民消费受到抑制，在流动性过剩的情况下，投资膨胀导致的通货膨胀也将成为未来通货膨胀的重要途径。

　　同时，1994 年以后，中国人民银行的基础货币投放渠道发生重要的变化。中央银行对财政的透支和贷款不断减少，外汇占款逐渐成为基础货币投放的重要渠道。1994 年，外汇占中央银行当年资产总增加额的75.1%，而 1993 年这个比重只有 7%。自此以后，由于汇率等要素价格改革滞后，货币政策与通货膨胀之间的关系也变得更加复杂。认真研究货币政策演变与通货膨胀之间的关系原理，以及在中国的现实表现，对推动价格改革具有重要的意义。

## 参考文献

[1] 李德伟等. 十年回顾与反思——兼与华生等同志商榷 [J]. 管理世界，1989（3）：91-109.

［2］楼继伟，周小川．论我国价格体系改革方向及其有关的模型方法
［J］．经济研究，1984（10）：13-20.

［3］华生，张学军，罗小朋．中国改革十年：回顾、反思和前景
［J］．经济研究，1988（12）：13-37.

［4］郭树清，刘吉瑞，邱树芳．全面改革亟需总体规划——事关我国
改革成败的一个重大问题［J］．经济社会体制比较，1985（1）：21-26.

［5］厉以宁．价格改革为主还是所有制改革为主［J］．金融科学，
1988（2）：86-90.

［6］林毅夫，等．论中国经济改革的渐进式道路［J］．经济研究，
1993（9）：3-11.

［7］张曙光，程炼．中国经济转轨过程中的要素价格扭曲与财富转移
［J］．世界经济，2010（10）：3-24.

［8］钟伟．解读"新双轨制"［J］．中国改革，2005（1）：18-21.

［9］蔡昉．中国经济转型 30 年［M］．北京：社会科学文献出版
社，2009.

［10］贾康．推动新一轮价税财配套改革［J］．中国投资，2013（1）：
45-46.

［11］刘伟.1988 年中国"物价闯关"研究［D］．北京：中共中央党
校，2011.

［12］石小敏，刘吉瑞．经济学家首先要尊重历史和事实——评华生等
《中国改革十年（回顾篇）》［J］．经济研究，1989（2）：11-33.

［13］柳红．八〇年代：中国经济学人的光荣与梦想［D］．桂林：广西
师范大学出版社，2010.

［14］《财贸经济》编辑部.50 位专家献策治理通货膨胀［M］．北京：
中国金融出版社，1995.

［15］成致平．价格改革三十年（1977—2006）［M］．北京：中国市场
出版社，2006.

［16］国家经济体制改革委员会综合规划司．中国改革大思路
［M］．沈阳：沈阳出版社，1988.

［17］《当代中国》丛书编委会．当代中国的物价［M］．北京：中国社

会科学出版社，1989.

［18］李扬．中国金融改革 30 年［M］．北京：社会科学文献出版社，2008.

［19］吴敬琏等．推进经济体制改革的一种整体设想［J］．改革，1988（1）：67-77.

［20］郭树清，刘吉瑞．价格改革和体制转轨的成功保证［J］．改革，1988（6）：64.

［21］张卓元．中国价格改革三十年：成效、历程与展望［J］．经济纵横，2008（12）：3-10.

［22］张卓元．改革需要顶层设计更需要顶层推动［J］．理论学习，2012（11）：28-29.

［23］林毅夫．论外向型经济发展战略［J］．经济社会体制比较，1988（4）：24-30.

［24］温桂芳．价格改革 30 年：回顾与思考［J］．财贸经济，2008（11）：91-101.

［25］华生．双轨制的历史使命和现实意义［J］．当代财经，2012（1）：5-6.

［26］华生等．论具有中国特色的价格改革道路［J］．经济研究，1985（2）：27-32.

［27］何家成，华生．消费膨胀将成为总需求膨胀的枢纽［J］．金融研究，1985（9）：69.

［28］华生．改革从来不是一个单独的经济行动［N］．21 世纪经济报道，2008-03-10（039）.

［29］华生．价格改革破冰：三十年的关键起点［N］．21 世纪经济报道，2008-09-15（035）.

［30］华生.1985—1986 年价格改革还原［N］．21 世纪经济报道，2008-10-20（035）.

［31］徐景安．双轨制价格改革的由来［J］．领导者，2008（2）.

［32］顾安安．价格双轨制的由来真相——徐景安专访［N］．香港商报，2012-01-21.

[33] 樊纲，胡永泰．"循序渐进"还是"平行推进"？[J]．经济研究，2005（1）：4-14.

[34] 李晓西，宋则．从双轨制到市场化——经济体制改革总思路的调整 [J]．财贸经济，1987（12）：1-6.

[35] 乔刚，陈共炎．关于价格改革思路的几个问题 [J]．经济研究，1991（4）：28-33.

[36] 白帆．"八五"期间价格改革的战略选择 [J]．经济研究，1990（9）：28-34.

[37] 骆文智．浅议如何走出价格改革的"百慕大"[J]．特区经济，1991（5）：15.

[38] 马凯．我国价格改革历程中值得认真总结的一页——对治理整顿期间价格改革的回顾与思考 [J]．价格理论与实践，1992（1）：2-11.

[39] 吕玮．中国经济转轨实践的理论命题 [J]．中国社会科学，2003（4）.

[40] Perkins Dwight. Reforming China's Economic System [J]. *Journal of Economic Literature*, 1988, Vol. 26, No. 2：601-645.

[41] Jeffrey Sachs, Wing Thye Woo, Stanley Fischer and Gordon Hughes. Structural Factors in the Economic Reforms of China, Eastern Europe, and the Former Soviet Union [J]. *Economic Policy*, 1994, Vol. 9, No. 18：101-145.

[42] Steven N. S. Cheung. A Theory of Price Control [J]. *Journal of Law and Economics*, 1974, Vol. 17, No. 1：53-71.

[43] Gérard Roland. The Political Economy Transition [J]. *Journal of Economic Perspectives*, 2002, Vol. 16, No. 1：29-50.

[44] Janos Kornai. What the Change of System From Socialism to Capitalism Does and Does Not Mean [J]. *Journal of Economic Perspectives*, 2000, Volume 14, No. 1（Winter）：27-42.

# 第2章　价格改革在经济转轨中的重要作用

渐进式改革和激进式改革哪个模式更加适合转轨国家，一直是转轨经济学研究的重点内容。价格双轨制是中国经济体制渐进式改革的重要体现。价格双轨制在为经济增长注入活力的同时，也基本保持了改革环境的稳定。价格双轨制的实施背景、效果和历史评价，依然对深化当前经济体制改革具有重要的借鉴意义。

## 2.1　引　言

从第一次世界大战到20世纪50年代，占世界总人口三分之一的国家开始探索通过建立计划经济体系，集中资源配置和组织生产分配。计划经济体制的成功，改变了世界经济政治格局，对全球经济发展产生重要而深远的影响。从实践来看，计划经济体制的好处是快速集中和使用资源，短期内能加快重工业化进程，增强国防能力和国际影响力。同时，在基础教育、医疗和住房保障等民生领域实现国家集中分配，显性社会贫富差距不明显。但是，计划经济体制的弊端也非常明显，低效率运行随处可见，计划制订者无法通过获得足够的信息来代替市场价格形成机制的作用。市场定价变成个人化的讨价还价，导致产业结构与资源禀赋相背离，集中力量发展重工业化，基本消费品生产供给不足。20世纪90年代，计划经济体制的弊端导致苏联等国家的解体，经济增速迅速下滑、居民生活水平急剧下降，引发这些国家重新建立市场、重新融入世界经济的决心[1]。

从20世纪80年代开始，中东欧、苏联等社会主义国家开始推行市场化

---

[1]　世界银行编写组.1996年世界发展报告：从计划到市场 [M]. 北京：中国财政经济出版社，1996.

改革。同期，中国也开始实施经济转轨和对外开放战略。虽然改革的趋势和方向基本一致，但是改革的速度和结果却出现极大的差异。从学术研究的结论看，导致转轨结果分化的原因可以概括为两个方面：一是改革的初始条件，如经济发展的基础、是否受到战争冲击等；二是改革的推进速度和方式①。随着研究的深入，有些学者认为，初始条件是影响经济增长的关键变量（Johnson，1996；Fischer 和 Sahay，2000）。但是，更多的研究认为，初始条件对转轨结果的影响是有限的，且仅可能在短期内影响改革效果，并不具有持续性（Berg 等，1999）。真正决定国家经济转轨是否成功的是改革的推进速度和方式，即采取渐进式转轨还是激进式转轨。对这个问题的讨论，成为转轨经济学的核心问题和关键。

## 2.2　经济转轨成功与否的关键因素分析

经济转轨成功与否的关键因素是转轨经济学研究的重要内容。在具体研究转轨改革内容的文献中，学者对什么是转轨提出不同的意见。如 Kornai（1994）② 提出，转轨至少包含两个维度的变革：从卖方市场向买方市场的转变（价格改革），以及实施预算硬约束（私有化或者减少政府干预等）。Blanchard（1997）③ 则认为，转轨至少包含两个维度，即资源的重新配置（如破产机制的建立以及新企业的进入），以及重组现有的企业（如促进劳动力流动、生产线重建和新的投资等）。无论哪种类型的转轨，其成功都需要保障宏观经济的稳定。

宏观稳定性包含的内容非常丰富，如物价总水平保持稳定和货币政策稳定，避免极端通货膨胀（Karsten Staehr，2005）。再如适度的财政赤字率（Wolf，1997；Loungani 和 Sheets，1997；Berg 等，1999）。也有少量的文献将汇率稳定作为衡量宏观稳定的变量（Fischer，Sahay 和 Végh，1998b）。从结

---

① 威廉·哈勒根，张军. 转轨国家的初始条件、改革速度与经济增长 [J]. 经济研究，1999（10）：69-74.

② Kornai，János. Transformational Recession：The Main Causes [J]. *Journal of Comparative Economics*，1994，Vol. 19（August）：39-63.

③ Blanchard，Olivier Jean. The Economics of Post-Communist Transition [M]. Oxford：Clarendon Press，1997.

论上看，宏观稳定对经济增长的正面推动作用较为明显；高通货膨胀率损害经济增长；财政赤字对经济增长的影响存在争议，主要原因在于财政赤字对国有经济和私人经济的影响程度是不同的，并且预算外收支、转移支付以及中央银行的金融政策等也很难用财政赤字完全表示。

在保持宏观稳定的基础上，决定转轨成功与否的关键是经济制度和结构改革。现有研究文献基本赞同经济制度和结构改革能推动经济增长这一结论，但是对推进改革的速度和方式存在较大的争议。如有的研究以中国转轨为例，提出以稳健的方式和经济利益最大化为目标，采取"摸着石头过河"的改革方式进行渐进式转轨，保障了中国改革开放后的经济持续增长和社会基本稳定，并以事实反击"华盛顿共识"（Perkins，1988；Stiglitz，1998）。也有研究认为，渐进式改革的难点在于深化改革越来越难，并且会不断形成新的利益集团，阻碍进一步改革的进程。如Jeffrey Sachs、胡永泰、杨小凯（2003）① 提出经济转轨双轨制产生了非常高的长期代价，"大大超过它赎买既得利益平滑转型的短期好处"。这篇被称为"为休克疗法辩护之作"的文章中还提到，较之苏联，中国之所以会取得经济持续增长的局面，主要原因在于向发达国家工业化模式的学习，也学习了亚洲四小龙等先进理念（经济特区、贸易优惠、引进外资等），但长期深化改革的成本会越来越高。

当然，也有研究介于两种观点之间。如 Boone 和 Johnson（1996）提出，从理论上看，渐进式改革有助于减少在改革之处经济的动荡（Aghion 和 Blanchard，1993，Dewatripont 和 Roland，1995）；但是实证结论认为，越早越快地推进改革，越有助于经济增长和快速复苏。关键在于这些改革措施是打包才有效，还是分别采取都有效。如果将经济体制改革作为一个整体措施推进，其对经济增长的促进作用总是显著的。但是，如果将改革措施分拆实施，如将价格改革、私有化改革等措施分别作为解释变量，其对经济增长影响的显著性就变得非常复杂（Fischer，Sahay 和 Végh（1998b））。原因在于，单项改革措施的实施会因为损害传统部门的利益而遭受阻碍，并可能在短期内拖累经济增长。但是，研究也认为这是改革必须付出

---

① Jeffrey Sachs，胡永泰，杨小凯. 经济改革和宪政转轨［J］. 经济学季刊，2003（4）：961-986.

的代价，越早实施越有利于新兴部门的崛起，越有助于经济快速复苏
（Åslund，Boone 和 Johnson（1996）；Wolf（1997）；Hernández-Catá（1997）；
Heybey 和 Murrell（1999））。

中国的价格双轨制改革是典型的渐进式改革，其对中国建立中国特色
社会主义市场经济有着极大的推动作用。其实施的背景、效果和学术争论
对当前中国经济体制改革具有重要的借鉴意义。

## 2.3　中国渐进式改革的起点——"价格双轨制"的实施

价格改革是中国经济体制改革的核心和关键，而双轨制就是价格改革
的开始，也是中国经济体制渐进式改革、增量改革的核心体现。20 世纪 80
年代初，实施农村联产承包责任制极大地提高了农村劳动生产力、活跃了
农村经济。这也使人们对加快城市经济改革充满了信心和憧憬，而全面的
经济体制改革最大的障碍就是严重扭曲和僵死的计划价格。城市价格改革
的关键和难点是工业生产资料价格改革，这不仅牵一发而动全身，也面临
很多改革的制度和现实阻碍。

在莫干山会议上，大家争论的重点不是直接实现市场化，而是价格改
革的可行性和过渡模式，既需要保护和赎买既得利益，"保护"和封闭存
量，也需要培育和发展增量，形成市场上的新生力量。理想务实的增量渐
进式改革路线是当时讨论的整体氛围，因此很容易达成共识（华生，
2005①）。1985 年 3 月，国家废除计划外生产资料价格的管制，价格双轨制
正式实施。1985—1993 年是价格双轨制的实施时间。虽然价格双轨制动态
调整思路在实际操作中没有得到很好的执行，直接引发各类寻租现象，并
且导致价格秩序混乱，但是在实施双轨制之后的几年后，长期困扰中国经
济体制改革的价格形成机制问题，却不声不响地完成了。

在改革效果的评价上，国内外学术界大量研究将价格双轨制总结为中
国渐进式改革和增量改革的"天才之举"，认为"中国式改革"是在边际上
发生，增量改革是非常核心的特点。作为市场化改革重点的价格改革和产

---

① 华生. 双轨制始末［J］. 中国改革，2005（1）：22-25.

权改革也是沿着增量改革的路径推进的，而价格双轨制就是价格领域增量改革的办法和途径（杨瑞龙，2012[1]）。

价格双轨制将所有生产企业都吸引到价格改革中，调动各个企业改革的积极性，这极大地提高了工业生产资料的生产效率，极大地推动了乡镇工业企业的发展（杨圣明，1991[2]；姚洋，2009[3]）。

## 2.4  价格双轨制改革的评价和借鉴意义

虽然价格双轨制只实施了一两年，但是其对中国经济体制转轨的影响是持续和明显的。渐进式改革的推进对提高国家经济活力，刺激经济增长，提升国内物质生产能力等具有非常重要的积极意义。但是，也有研究认为，转轨问题是一个涉及经济、政治、社会文化以及制度变迁等多个方面的复杂问题，并且是各项政策实施之后的最终结果。渐进式改革在提升经济增长速度的同时，也带来其他方面的问题，如收入分配不平等、生态环境恶化等。这也催生了转轨经济学界提出的"高人权转轨"和"低人权转轨"之争。但是，即使是在最宽泛的转轨概念中，经济增长视角也是转轨的基础和核心（Havrylyshyn，2001）。

主流经济学家提出，检验转轨绩效的唯一指标就是市场发育程度，一旦确立了市场化的目标，最好的选择是尽快完成转轨，分步骤转轨只在目标不明确的条件下才是必要的。中国渐进式改革到目前为止的成功便是许多次的次优选择叠加的结果。这些次优选择包括"拨改贷"、乡镇企业的发展、价格双轨制、财政包干制、金融控制、国有股上市安排以及"债转股"等，构成了一个完整的渐进式改革的逻辑链条（张杰，2000[4]）。

现如今，价格双轨制早已经完成历史使命，但是其改革的效果和历史评价对深化当前的价格形成机制改革具有重要的借鉴意义。

首先，从一般商品价格改革历程来看，价格双轨制改革依然有待深化。

① 杨瑞龙. 价格双轨制的核心——增量改革 [J]. 当代财经，2012 (1)：10-11.
② 杨圣明. 价格双轨制的历史地位与命运 [J]. 经济研究，1991 (4)：36-42.
③ 姚洋. 中性政府：对转型期中国经济成功的一个解释 [J]. 经济评论，2009 (3)：5-13.
④ 张杰. 次优选择与渐进转轨 [J]. 当代经济科学，2000 (3)：26-30.

当前，尚有部分商品，其价格没有完全放开由市场形成，主要包括少量的资源能源价格，如油、电、水、气等，多为垄断性行业，采取政府定价或者政府指导价。有些商品价格依然是国内、国际双轨制。在这方面，双轨制要做完它的扫尾工作，有些价格是要逐步调整的，调整本身也是价格改革的内容。逐步采取放调结合的方式，完成价格形成机制改革。从这个角度看，完成资源价格改革扫尾工作仍有积极意义。

其次，要素商品价格改革有双轨制的基本特征。如土地定价，当前征用环节以政府强制手段为主，没有讨价还价的余地；出让环节有时靠划拨，有时用协议，有时是拍卖。资金方面，银行利率由国家统一规定，信贷安排也受政府干预；反观"地下金融"，代表着民间借贷者自由交易的结果。从这些方面的改革看，20 世纪 80 年代走过的价格双轨制改革，可能是未来中国改革最重要的经验模板（岑科，2012①）。在要素价格改革方面，双轨制改革依然具有重要的借鉴意义。如可以通过大力发展债券市场，我们发行的公司债已经完全市场化，如果这个市场足够大，普通老百姓能够像买股票一样买债券，那么大量银行存款必然会向公司债转移，这些发债公司，特别是上市公司，一两年内显然是不会破产的。买债券安全性较高，通过债券市场利率的市场化，推动存贷款利率市场化，是当前可以采用的模式，在要素价格方面继续推进双轨制改革是一条可行的道路。

最后，中国的政治体制改革最适合以双轨制加以推动。比如，设计一个机制、制度，逐步地引进增量，逐步增加民主选举的部分，逐步减少行政任命的部分，从行政任命的制度逐步过渡到民主选举的制度（华生，2012②）。

**参考文献**

［1］世界银行编写组 . 1996 年世界发展报告：从计划到市场［M］. 北京：中国财政经济出版社，1996.

［2］威廉·哈勒根，张军 . 转轨国家的初始条件、改革速度与经济增

① 岑科 . 价格双轨制改革始末［J］. 传承，2012（1）：4-6.
② 华生 . 双轨制的历史使命和现实意义［J］. 当代财经，2012（1）：5-6.

长 [J]. 经济研究，1999（10）：69-74.

[3] Jeffrey Sachs，胡永泰，杨小凯. 经济改革和宪政转轨 [J]. 经济学季刊，2003（4）：961-986.

[4] 华生. 双轨制始末 [J]. 中国改革，2005（1）：22-25.

[5] 杨瑞龙. 价格双轨制的核心——增量改革 [J]. 当代财经，2012（1）：10-11.

[6] 杨圣明. 价格双轨制的历史地位与命运 [J]. 经济研究，1991（4）：36-42.

[7] 姚洋. 中性政府：对转型期中国经济成功的一个解释 [J]. 经济评论，2009（3）：5-13.

[8] 张杰. 次优选择与渐进转轨 [J]. 当代经济科学，2000（3）：26-30.

[9] 岑科. 价格双轨制改革始末 [J]. 传承，2012（1）：4-6.

[10] 华生. 双轨制的历史使命和现实意义 [J]. 当代财经，2012（1）：5-6.

[11] Kornai, János. Transformational Recession：The Main Causes [J]. *Journal of Comparative Economics*, 1994, Vol. 19（August）：39-63.

[12] Blanchard, Olivier Jean. *The Economics of Post-Communist Transition* [M]. Oxford：Clarendon Press, 1997.

# 第3章　转轨时期价税财联动改革的意义和局限

转轨时期价税财改革是中国自主改革的起点，是经济体制改革的核心，是推动经济迅速发展的关键，也是建立有中国特色改革理论的现实基础。通过发挥价格信号作用和财税调节收入分配的职能，中央政府快速建立起对地方政府和企业的物质激励机制，焕发经济机体的活力，促进经济迅速发展。中国转轨时期经济体制改革的成功，得到国内外研究者的认同和赞扬，以至于诸多研究呼吁，借鉴转轨时期价税财改革的思路，解决当前困扰经济发展的问题。通过回顾转轨时期价税财改革的历程、学术争论和经验教训，发现转轨时期的经济体制改革具有明显的渐进性和局部性特征。在经历最初的成功之后，各项改革措施之间的不兼容性日益明显，并积累了很多悬而未决的难题，加大了深化改革的难度。未来应明确改革的主线，建立整体改革的思路，健全和完善符合经济发展规律的社会主义市场经济体制。

转轨国家的体制改革是制度经济学的重要组成部分。转轨经济学的主要研究内容是 20 世纪七八十年代中国等社会主义国家从计划经济体制向市场经济的过渡过程（盛洪，1994）。转轨经济背后深刻的理论和现实意义是，非市场经济国家通过自身主动改革，探索政府与市场各自的职能、边界和相互关系，希冀总结出有别于传统西方经济学理论的独特发展道路。

伴随着经济体制改革，转轨国家政治体制、社会文化及居民生活等方面都发生了巨大变化，也深刻地改变了国际政治和经济格局。中国经济体制改革是转轨经济学研究的重点，是回答"改革开放 30 多年以来中国到底做对了什么"这一重要问题的理论支撑。体制转轨的难点在于面临的环境复杂：一方面，缺乏相应理论和国际经验作为指导，改革的方向始终存在巨大争议；另一方面，由于长期实施计划经济体制，国内各领域各环节都面临体制机制不顺、生产积极性不高、物质资源极度匮乏等问题，选择什么领域作为改革的突破口是关键，稍有不慎就会导致改革全面失败。

与苏联、东欧转轨国家相比，中国的经济转轨具有明显的渐进性、局部性和增量改革的特点。改革路径并不僵化，并以经济利益最大化为目标，既规避了改革可能产生的阵痛和风险，也保障了中国改革开放以来经济持续增长和社会基本稳定。这个思路得到国内外研究者广泛认同（Dwight，1988；Stiglitz，1998）。具体而言，中国经济转轨是以价格改革为突破口，配合以财税、金融、贸易、流通等体制改革，给局部以物质激励，鼓励生产，释放改革红利。一方面，从计划体制转向市场机制的过程中，价格机制和财税体制是推动经济转型、调节经济运行最有效和最主要的手段；另一方面，价格形成机制改革和财税体制改革本身也是经济转轨的重要组成部分，需要与经济体制改革保持同步和协调一致。从改革的效果看，通过发挥价格信号作用和财税调节收入分配的职能，中央政府确实快速建立起对地方政府和企业的物质激励机制，焕发了经济机体的活力，促使经济迅速起飞。但是，也有研究指出，以价税财改革为核心的中国经济转型思路并不是系统的理论创新，而是改革目标与现实问题之间相互妥协的结果。从长期来看，深化改革的难度将越来越大，改革成本超过短期产生的收益，甚至会最终导致改革失败（Jeffrey Sachs、胡永泰、杨小凯，2003）。

经过30多年的改革历程，中国进入体制改革攻坚阶段。渐进性、局部性和增量改革带来诸多久拖未决的问题，使继续推进改革的难度不断加大。2012年，李克强同志在综合改革试验区工作会议上强调，改革是中国最大的红利。当前中国经济体制改革所面临的环境、路径选择和原则与转轨时期价税财改革具有诸多相似之处。回顾和反思转轨时期价税财改革的历程、争论以及经验教训（张卓元，2008；何振一，2008；刘国光，2009；吴敬琏，2012），对未来深化改革具有重大的理论和现实意义。

## 3.1　转轨时期价税财改革的背景、脉络和局限

### 3.1.1　转轨时期中国经济体制改革的起点和突破口

20 世纪 70 年代末 80 年代初，中国面临的主要问题是经济发展水平较低、商品有效供给不足以及人民生活水平不高。这与新中国成立以来国家的经济发展战略直接相关。新中国成立之初，出于对当时国际环境判断和政治需要，中国选择了"优先发展重工业、赶超发达国家"的战略。重工业投资规模大且周期长，在缺乏外援和贸易的条件下迅速发展重工业，政府不得不采取压低要素价格、扭曲价格体系的策略，将经济剩余快速集中到重工业部门（林毅夫等，1993）。具体做法是，对农业实行"低价低税、统购统销"政策，保障工业所需生产资料和城市农产品消费；对生产资料实施"计划定价、统购统配"政策，保障重工业优先发展；而对重工业制成品实施"高价高税、刺激优先增长"政策（刘力群、石小敏，1987）。这导致国内产业发展严重失调，一般消费品有效供给不足，经济增长缓慢。如何提高资源配置效率、鼓励生产是当时政府需要解决的首要问题。

选择哪个领域作为改革的突破口，在当时存在着巨大的争议。无论学术讨论还是官方文件，通过价格改革，建立社会主义市场经济都不是唯一的选择（王振霞，2014）。最终，经济体制改革以价格改革为突破口，发展市场经济，主要源于农村经济改革的成功和积累的宝贵经验。农村经济改革成为中国经济体制改革的起点不是偶然的。一方面，在中国经济转轨之前，即 20 世纪 70 年代，农村就已经自发形成小规模的"非法"市场经济。这种市场化的形式是在政府交易效率最低的领域开始的，虽然成本很高，但是收益也会很高（盛洪，1992）。另一方面，以提高农产品收购价格为代表的农村经济改革，使几乎所有农民都成为改革的受益者，改革推进过程非常顺利。新中国成立以来，农产品价格一直处于低位，工农业产品价格"剪刀差"严重制约了中国农业和农村的生产和发展。据统计，1952—1983 年，政府通过农业税与工农业价格"剪刀差"，从农民那里拿走 6868.12 亿元，而国家财政与信贷支农资金合计仅 2326.09 亿元（许经

勇，1990）。1978 年，党的十一届三中全会以后，中央政府多次提高农产品收购价格，改善"剪刀差"的问题。与 1978 年相比，1982 年全国农副产品收购价格总指数提高 41.5%，农产品收购价格快速上涨增加了农民收入，是农村全面推行联产承包责任制的重要前提（钟溶华，1985），也为全面推进价格改革积累了宝贵经验。

农村改革成功的经验使得政府认识到价格机制对优化资源配置和鼓励生产的重要作用。1984 年党的十二届三中全会《中共中央关于经济体制改革的决定》中提到："价格是最有效的调节手段，合理的价格是保证国民经济活而不乱的重要条件，价格体系的改革是整个经济体制改革成败的关键。"随后，中央政府决定将价格改革推进到城市工业品和生产资料领域，开始了中国经济体制转轨的攻坚战。

### 3.1.2    全面推行价格改革的难点和价税财联动改革的初步探索

与农村相对简单的经济环境相比，城市工业品和生产资料领域的改革更加复杂，改革的推进速度也比较慢。其主要原因有四点：一是生产资料是中间投入品，其产量和价格的变化影响面广，是"牵一发而动全身"的改革；二是改革涉及的主体过多，工业品和生产资料的价格波动涉及各级政府之间的收入分配，也关系到国有企业和城市居民福利，利益交织，改革阻力较大；三是缺乏相应的理论支撑，经济体制改革的方向尚处于探索之中，政策工具较少；四是无论理论界还是政府部门，都无法预计改革的效果，大力推进改革可能存在巨大的政治风险。

由于价格改革涉及面广，可能产生利益格局的巨大调整，在转轨时期经济体制改革的路径选择上存在两种不同的意见：一是绕开价格改革，以推行层层承包为中心，增强地方、部门和企业的决策权力和财力，以便调动其积极性，搞活经济；二是以价税财金贸改革为重点，进行企业、市场、宏观调节体系三环节配套改革，尽快使有宏观管理的市场经济体系发挥整体功能（吴敬琏，1988）。从现实结果看，后一种观点成为改革的主流意见。将价格改革与财税体制改革相结合是转轨时期中国经济体制改革的重要特征。原因如下。

第一，这是政府主导经济增长的模式下，调动地方政府积极性的有益探索。在市场机制没有建立的条件下，政府是经济增长的绝对主导力量。与价格改革相比，财税改革直接影响地方政府收入分配，更能调动地方政府改革的积极性。转轨之初的财税体制改革，基本上是中央政府不断向地方政府让利的过程。如 1980 年，国务院颁布实施《关于实行"划分收支、分级包干"财政管理体制的通知》，决定除三个直辖市之外，其余地方实行财政包干制度，即所谓"分灶吃饭"，主要目的就是调动地方政府的积极性，鼓励地方扩大生产。

第二，这是理顺政企关系、推动国有企业改革的突破口。广大国有企业是当时社会生产的重要力量。在计划定价和利润上缴的条件下，国有企业的积极性没有被充分调动，价税财联动改革有助于理顺政企关系，增加国有企业生产活力。这也是后续大力推进国有企业改革的重要基础。从 1981 年开始，中央政府就在若干地区试点，研究推进利改税工作，最终形成"两步利改税"方案，将企业利润改为所得税上缴国家，并基本完善各税种，明晰了国家、企业与员工的关系，增强了企业经营自主权，鼓励国有企业发展生产，并自负盈亏，同时也改善了由计划定价所导致的不同企业之间收入差距过大的问题。

第三，这是在推行价格形成机制改革的背景下，规避改革风险的重要手段。在价格改革之初，市场定价和计划定价并存，价格难以完全发挥引导资源配置的作用。此时，配合财税改革可以增加价格机制的灵活性。即使是在价格全面放开之后，财税手段也能保障政府不会完全失去对定价权的控制。运用财税手段控制价格形成是社会主义国家经济调控的传统之一。苏联学术界很多研究指出，社会主义价格形成机制非常复杂。一些学者认为，计划价格应该符合商品基本价值，这样才能正确考核生产的效用；当价格偏离价值时，需要财税手段予以矫正。另一种观点认为，社会主义价格应该背离价值，这样才能真正发挥价格对生产和消费的指导作用，与价值相符合的价格政策毫无价值。后一种观点因其与资本主义市场经济条件下"价格自发调节资源配置"相比，更加符合社会主义制度特性，而成为主流观点，税收手段就是刺激价格背离价值的方法之一（杜萌昆，1987）。无论哪种认识，都基本赞成财税是矫正市场价格机制的必要手段这个观点。

"为了尽量减少价税财单项改革可能产生的震动，应该在科学地核算

'供求平衡价格'的基础上，综合运用财政、税收、贸易、金融等工具，实现联动改革；在充分考虑克服不良的周期性波动，防止过高的通货膨胀率，争取收入分配的合理化及支持国民经济长远发展战略的前提下，使主要产品的定价有利于出现供求平衡的局面。"（楼继伟、周小川，1984）这个观点引起中央政府的高度重视，特别是在"价格双轨制"导致价格体系混乱、寻租腐败丛生之后，价税财联动改革被推上历史舞台。1984年中共十二届三中全会《中共中央关于经济体制改革的决定》和1985年中国共产党全国代表会议《中共中央关于制定国民经济和社会发展第七个五年计划的建议》，提出了以价格体制、税收体制和财政体制为重点进行配套改革的设想。

### 3.1.3　转轨时期价税财改革的重要意义和局限

从转轨时期价税财改革起，中国政府开始认识到尊重经济发展客观规律的必要性，并注重使用价格、财税、货币等经济手段和工具实现政策目标，为中国持续的经济高增长奠定良好的基础。但是，当时的改革也存在着诸多局限，特别是改革的不彻底性加大了后续深化改革的难度，甚至有些问题至今未解决。

首先，深化农村市场经济体制改革进展缓慢，导致农村经济增长缺乏动力。在转轨时期推行的改革措施中，稍加推动就迅速扩展和普及的就是农村改革。农产品价格提高增加农民收入，且中央财政通过货币补贴方式补偿城市居民的福利损失，使得改革对各方都有好处。但是，这也决定了农村改革存在明显的局限，那就是中央政府承担利益损失的极限（盛洪，1991）。由于农产品关系国计民生，且中国人口众多，农产品供求基本处于紧张平衡的局面。为了不影响城市居民基本生活保障，在改革之初，政府不得不承担既要补贴农业生产，又要补贴城市居民消费的双重重任，这就形成沉重的财政负担。

实际上，在农村改革初见成效之后，国家也曾尝试减少计划干预，完善农产品交易制度，促进农业增长。如20世纪80年代初，国家逐步取消农产品统购派购，制定农产品收购价格制度（牌价）。1985年，在主要农产品丰收和增产的情况下，将农业税改为按粮食"倒三七"比例价折征代金，农业税由实物税改为货币税，减少上缴实物粮的比例。改革后，更多的粮农将粮食投入集贸市场自由贸易，以获取更高利润。同时，通过在工业、副业等行业取得非农收入来上缴货币税（陈为群，1987）。这导致国家粮食部门很难完成收购任务，不得不依靠财政拨款实施超购加价、价外补贴、奖售等多种议价制度。这不仅增加了财政负担，也滋生了很多倒买倒卖行为，在平价转议价过程中获取暴利。

由于工农业"剪刀差"的缩小，且城市农产品消费补贴增长较快，国家财政负担日益沉重，不得不减少对农业生产的投资。"五五"时期，农业基本建设投资占国家财政基建投资的比重为 10.5%，到"六五"期间这个比重下降至 5.1%（许经勇，1990）。为了解决这个问题，甚至有研究提出应增加农业税以减轻财政负担（许经勇，1990；胡文政，1990）。这与促进农村经济体制改革的初衷是相违背的。

农村价税财改革的历程也让我们重新反思渐进式改革可能产生的问题。改革之初，国家承担巨额补贴是为了减少改革阻力，希望城镇居民在长期享受粮食补贴并累积净收益之后，推进农产品价格的全面改革，建立农村市场经济体制。此时，城市居民在新的粮价上涨面前不会再对粮食补贴有很大的需求。这样既会增加农村发展的内在动力，也会减轻财政负担。但实际上，这种自觉承担改革成本的行为在现实中很难发生。核心决策者只有提供新的更高层的"政治服务"来进一步增加一般社会成员的净收益，才能继续得到普遍的政治支持（胡汝银，1992）。

虽然农村价税改革推进较早，但至今仍没有形成完善的农村市场经济体制，农业发展缺乏自我造血的功能，依然要靠国家财政补贴。虽然近年来国家逐步探索实施如"目标价格制"等改革措施，但是农业发展依然是"低价低税、统一管理"模式。至今，在转轨时期就困扰农村发展的诸多问题仍然存在，如农民用工成本一直没有合理纳入农产品价格；农产品最低收购价格水平过低，且常年不变；对农产品供给"管少不管多、管涨不管跌"导致丰收年份"谷贱伤农"等。随着改革开放和城镇化的推进，部分农村劳动人口转移至城市工业、服务业部门就业，非农收入比重在不断提高，农产品低价导致增长乏力的问题没有集中爆发。但是，这是导致中国农村经济发展滞后的关键，也是未来中国深化改革的重点领域。

其次，城市工业品和生产资料领域价税财改革的不彻底性制约经济可持续发展。在经历"价格双轨制""价税财联动"以及"价格闯关"之后，国内大部分产品基本实现市场定价，但是重要的生产资料和要素价格依然属于政府定价或者政府指导价。依靠资源能源价格低廉，优先发展部分产业，导致资源利用效率低下、生态环境恶化以及产业结构畸形发展等问题，一直没有得到很好的解决。有的研究将要素价格改革滞后称为"新双轨制"，即以公共权力为背景，自下而上寻找和套取已市场化了的商品和服务价格体系，以及远未市场化的资金、土地、劳动力等要素价格体系，这两大体系之间存在巨额租金（钟伟，2005）。

最后，高度重视组织收入的职能削弱了财税改革的效果。由于转轨时期财税改革的主要思路是以不减少财政收入或者财政收入略增长为前提，这导致财税体制改革的回旋余地很小，影响了财税改革的效果（高培勇，1995）。此外，转轨时期财税改革基本上是中央政府通过让利实现"花钱买改革"的模式，不仅效果会打折扣，也使得某些改革措施流于形式；同时，由于财税体制改革具有"牵一发而动全身"的性质，只要新机制运行不顺利，人们就会习惯性地采用旧政策来解决问题（卫珑，1995）。

## 3.2 转轨时期价税财改革战略选择的争论和问题

从改革战略的设计看，价税财改革成功的关键在于：一是通过价税财制度改革建立和完善社会主义市场经济体制，最终实现价格机制、财税体制以及金融、流通、外贸等体制，与基本经济制度保持同步，形成良性循环；二是强调价税财改革的整体联动和协调互补。但实际上，从改革的结果看，单项改革之间并没有始终保持协调一致，甚至产生相互制约、相互掣肘的问题。同时，各单项改革也并不总是有利于建立社会主义市场经济机制，导致政府与市场职能边界不清晰，阻碍全国统一市场的建立。此外，从苏联和东欧转轨的教训看，价税财改革不仅改变了政府、企业和个人之间在收入分配中的关系，也改变了社会福利体制，这是转轨经济研究的重要内容，决定了体制改革的成败。中国的渐进式改革虽然可以避免"休克疗法"造成的严重社会动荡，但无法通过快速市场化将政府和公众间的"社会契约"一次性解除；随着价格的市场化、企业产权制度改革的推进，福利性公共产品的供给价格必然逐步提高，成本将由家庭和个人支付（汪毅霖，2005）。这也制约改革的深化。

### 3.2.1　对价税财改革目标和相互关联的学术争论

价格改革与财税改革的相似之处在于涉及面广，利益关系交织，牵一发而动全身。不同之处在于各自改革的目标不同。最初的设想是，价格改革有助于理顺比价关系，合理配置资源，以鼓励生产；财税改革的目的是缓解价格改革产生的阵痛，给予地方政府和国有企业以直接的物质刺激，提高改革的积极性。

从改革的顺序看，价格改革是突破口。中央重要会议中多次提到"具体说来，改革可以从以下三个方面去设计、去研究：第一是价格，第二是税收，第三是财政。这三个方面的改革是互相联系的。关键是价格体系的改革，其他的改革围绕价格改革来进行"（吴敬琏，2009）。所谓其他改革对价格改革的配合，主要是对价格放开后可能产生的风险予以预防和纠正。转轨国家大多面临商品有效供给的不足的问题，一旦实施价格改革就可能产生严重的通货膨胀，有些转轨国家会陷入"物价上涨—工资上涨—财政赤字上升"的"百慕大危险三角"之中。所以，价格改革必须有相应的财税改革予以配合。

但是，从现实操作看，价税财三者之间各自职能是难以割裂的。价格形成机制本身除传递信号并组织生产和消费之外，也有引导收入分配的作用。税收是价格的重要组成部分，财政收支也影响社会供求关系。在职能上割裂价税财的相互关系，这在理论上是失败的。

流转税比重过高，阻碍价格信号引导资源配置作用的发挥。财税改革的经济调节职能与价格信号作用在功能上可以基本匹配，但是，组织财政收入的职能可能会影响价格信号功能的发挥。遗憾的是，转轨时期财税改革更多地强调组织收入分配的职能，主要体现在流转税比重过高，扭曲了价格信号作用。当时的很多研究已经意识到这个问题，如高培勇、邢成（1987）指出："经济体制改革的方向决定了税制改革的基本目标⋯⋯发展有计划的社会主义商品经济就要求国家逐步减少指令性计划等直接行政控制手段，而主要以各种经济杠杆等间接手段来调节，而税收的作用是涉及国民经济的各个领域和各个部门，再生产过程一切环节以及各种不同的经济形式。与组织财政收入相比，税收的经济调节职能是更为核心的功能。"这就要求财税改革尽量减少对价格形成的干预，特别是流转税作为价格的重要组成部分，应尽量保持中性，甚至逐步减少流转税的比重。袁源（1990）提出："在价格（出厂价）中加入税收的因素是对马克思主义政治经济学的误读。利润和工资属于产权关系，税收属于政权（法权）关系，所以在出厂价格环节是不应该包含税收的。在商品走向市场时，国家的收入分配政策就要发挥作用了，即流转税的意义。流转税价内征收使价格与税收职能混同。无论是价内税管理希望达到的'以税代利'还是通过流转税的变化来缓解企业间价格不合理，都是很难实现的。"

但是，也有研究不同意这个观点，认为流转税不受经营成本和绩效的影响，是保障国家财政收入及时性的重要税种。流转税具有价内税的特点，可以配合国家价格政策，缓解价格与价值相背离造成的矛盾，是调节生产和消费的最直接、最灵活的经济杠杆之一（刘佐，1985）。所得税则存在对国家财政资金的占用，企业经营规模越大、利润越多，对国家财政资金的占用越多，并且所得税难以体现国家对不同产品和行业的奖限政策，对生产的调节作用只是间接的。

流转税比重过高可能抑制价格信号作用的发挥，甚至导致价格信号的失真，主要表现在以下两个方面。

一是从宏观调控看，税收调整明显影响价格总水平指标（CPI、PPI等）的走势，或将影响宏观调控的判断。以居民消费价格指数（CPI）为例，自2014年以来，烟酒及用品作为CPI八大类商品组成之一，其月度同比价格持续为负。自2015年5月10日起，财政部将卷烟商业批发环节的消费税率从5%上调至11%，烟草价格随之上涨，当月烟酒及用品价格同比上涨1.7%，并带动CPI同比上涨，影响作用不容小觑。

再以工业生产者价格指数（PPI）为例，早在2007—2008年，全国工业企业营业利润增长速度就出现明显下降，工业企业所得税增长速度也在下降。但是，受流转税税收惯性的影响，全国工业企业增值税依然保持较快增长，且直到2009年才出现增速下降。由于增值税转嫁的特点，工业生产者价格指数（PPI）下降时间点与增值税增幅下降的时点高度一致，滞后于营业利润增速下降的时点。这就导致宏观政策制定者难以准确、快速判断工业企业供求状况的变化，错过最佳的调控时机。

二是从产业发展看，在经济下行周期中，竞争性行业的经营困难加大。虽然流转税在一定程度上是可以转嫁的，但是转嫁的难易程度取决于商品供求弹性。一般供不应求产品的供给弹性大于需求弹性，税负更加容易转嫁，有抑制需求的作用；在供过于求的市场，供给弹性小于需求弹性，税负难以转嫁，有抑制供给的作用。同时，垄断经营产业，其供给弹性大于需求弹性，税收基本可以完全转嫁，如成品油消费税调整。2014 年 11 月，在国内油价经历"八连跌"后，国家发展改革委宣布上调消费税。在此后的 45 天里，消费税经历了 3 次上调，受其影响，国内汽油价格上涨了 0.4 元/升，柴油价格上涨了 0.26 元/升，国内外油价走势开始背离。对于完全竞争行业，其需求弹性大于供给弹性，税收转嫁比较困难。在经济下行周期，竞争性行业税负将明显加重。当前很多行业出现去库存难、去产能难的问题，与税收负担加重有重要的关系，值得高度关注。

财税改革的组织收入分配的职能与价格机制的收入分配功能之间存在矛盾，使得各级政府、企业之间协调成本上升，导致新旧矛盾相互交织，增加深化改革的难度。为焕发经济机体活力，承认局部经济利益，中央政府不断采取针对性的物质刺激措施，在一定程度上导致失控因素迅速增加（楼继伟等，1987）。价格引导收入分配的途径是通过竞争，使适销对路产品获得高价，刺激有效供给。但是，财税组织收入分配的职能更多的是为了缓解竞争导致的阵痛，通过物质刺激减少改革的阻力。如实施分灶吃饭之后，中央与地方之间的分成比例、上缴额度以及返还额度等，基本上没有实现全国统一，而是采取"谈判"的形式。正是由于讨价还价的余地较大，地方政府和国有企业会将工作的重点放在与中央政府的谈判上。在实际操作中，基本都是大力发展高价高税的产业，地区经济发展模式雷同，低水平重复建设现象严重，忽视市场竞争机制鼓励创新的作用，违背改革的初衷。

在"价格双轨制"和"价税财联动"改革效果不尽如人意之后，中国转轨改革从价格改革转向企业体制改革，为减少改革阻力，企业产权改革也希望财税体制改革予以配合，如企业承包制之后的利税分流问题。由于企业在缴纳所得税时有和政府讨价还价的能力，所以降低所得税比例，缴足间接税，从理论上可以缓解竞争不平等的情况。但是实践证明，"在不理顺各种扭曲的条件下，要做到税收规范化存在逻辑上的缺损，有种自欺的味道……利税分流等方法是既想缓解改革中出现的问题，又要保住财政收入，而将税收对改革的促进作用推卸给其他部门"（周小川、杨之刚，1992）。

### 3.2.2 转轨时期价税财改革中的政府、市场和企业关系的演变

除上述论证的单项改革之间不兼容的问题以外，转轨时期的价税财改革也并不总是有利于建立健全社会主义市场经济体制。与传统西方经济理论论述的政府及市场各自分工、职能和边界不同，转轨时期，政府、市场和企业之间的关系更加复杂，难以用现有的理论框架予以全面概括。在改革之初，地方政府、企业都获得经营的自主权，客观上会有效地促进地区经济的增长。但是，这种"花钱买改革"的方式，在一定程度上扭曲了地方政府和国有企业的行为，阻碍全国市场的形成，也导致政府与市场之间的边界不清晰。

首先，价格改革没有全面推进之前，作为权力下放的财税改革在一定程度上扭曲了地方政府的行为，阻碍市场机制的建立健全。无论是财政"分灶吃饭"还是"两步利改税"，都是为了提高地方政府和企业发展增长的动力，被称为"市场保护型"的财政联邦制（Jin，Qian和Weingast，1999）。但是，由于价格（特别是生产资料和要素价格）体系的不合理，资源基本上没有实现有效配置，市场竞争机制也没有完全确立，改革的红利没有完全释放，地方政府难以从改革中获得实际收益。加之政绩考核机制的影响，地方政府增加收入的重点可能是对现有财富的攫取，而不是持续地创造新的财富。这就导致地方保护主义、市场分割和低水平重复建设现象严重（Chen，1991）。

直到1994年分税制改革，在市场机制尚没有健全的条件下，财税分权改革导致地方政府行为扭曲的现象依然存在。分税制改革后，地方政府由于可支配收入减少，有动力并同时夸大收入和支出，来完成税收任务。中

央则只是提高名义税收，可支配收入没有增加。中央收入减少，导致没有足够的财力支持价格等各项改革，也没有能力解决因地方重复投资导致的结构失调问题。当然，这也导致预算外收入急剧增加。1998年，中央政府取缔了20000多种不同类型的政府收费（王诚尧，1999），导致在改革之初，希望通过分权来促进经济增长的"援助之手"，逐渐变成了对企业和市场的"攫取之手"（陈抗等，2002）。

其次，财税改革在一定程度上促进了非国有企业的发展，客观上鼓励了部分地区经济快速增长。改革开放之初，国有企业是利税上缴的主要力量。"两步利改税"等一系列的财税改革都与刺激国有企业生产、明晰中央政府与企业关系有关。但是，在20世纪80年代实施财政包干之后，税收之外的非预算收入成为地方政府更加关心的问题。由于国有企业生产效率下降，为追求更多的利税留成，地方政府大力发展乡镇企业等非国有企业，与国有企业形成竞争。在包干制的条件下，乡镇企业上缴税收归地方政府，可以增加地方政府的预算外收入，不受预算制度的管理，使得地方政府有"藏富于企业"的动机（陈抗等，2002）。这在客观上促进了市场竞争机制的建立，也是改革以来部分地区经济快速增长的重要原因。

但是，这个促进作用在1994年的分税制改革之后发生了重大变化。按照分税制改革原则，不分企业性质，企业增值税和消费税按照固定比例在中央和地方之间分配。地方政府失去利用乡镇、集体企业增加预算外收入的动力，也不愿承担国有企业经营风险。这就使得财税改革对经济增长的贡献程度在下降。

最后，高度关注改革所带来的"汲取"能力，阻碍全国统一市场的建立。财税组织收入分配的职能增强了政府的"汲取"能力。王绍光（1997）将各级公共权力机构实现自身意志的能力称为"国家能力"，包括汲取能力（财政收入）、调控能力（财政支出）、合法化能力（意识形态），以及强制能力（国家机器）。其中，汲取能力是根本。但是，综观国内外经济发展的历史，汲取能力更多的是指政府缓解国际冲突、偿还外债以及预防国内暴力事件的能力（Organski和Kugler，1980；Snider，1988；Snider，1990）。汲取能力并不能保障政府或者国有企业有能力，且有意愿生产和提供它许诺或者理应为民众提供产品和服务。王绍光（1997）提到的由于汲取能力过度向地方倾斜，导致基础设施建设缺失、环境破坏严重、中央调节收入分配能力下降等问题，在实施分税制改革之后也没有得到根本改善，有些问题反而变得更加严重。过度关注汲取能力也导致有效的全国性市场无法形成。一方面，上文已经提到，为了增加自身预算外收入，地方政府倾向于重复建设和地方保护，严重分割市场；另一方面，由于缺乏地区之间横向转移支付，中央向地方的纵向转移支付就成为主要调节手段，导致区域间的关系和中央—地方关系密切（周飞舟，2006），难以形成区域市场之间的有效合作。

### 3.2.3　转轨时期价税财改革与社会保障制度的演变

转轨时期的经济体制变革，不仅改变了政府、企业和个人收入分配格局，也直接影响到就业、医疗、教育和养老等体制的变化，这是社会保障和福利经济学研究的重要内容。社会保障制度的改革和完善，不仅是转轨国家面临的问题，而且是世界各个国家普遍面临的重要问题。在发达的市场经济国家，社会保障制度改革也一直处于研究和探索之中，改革的效果也不尽如人意，难以为转轨国家提供有价值的借鉴。

在计划经济年代，转轨国家由政府主导各项经济、社会事务。社会保障支出主要来源于政府财政收入。社会保障支出的范围极为广泛，政府承担住房、医疗、教育、工伤、婚丧嫁娶等绝大部分支出，不允许私人部门介入。因此，各个转轨国家都存在供给不足、排队、官僚主义和寻租等现象。改革开放之后，随着各项改革的推进，居民在国民收入分配中的地位开始发生变化。著名转轨经济学家科尔奈曾提出，研究转轨国家社会福利改革需要关注如下几个问题：一是是否建立个人在解决自身福利问题上的自主性原则；二是是否对那些几乎没有能力通过自身努力获得福利的人予以保障；三是是否形成有效竞争，与第一个问题相对应，有竞争才有自由选择的权利，才能使社会各个力量参与福利体系建设；四是遵循分散投资原则，允许将用于社会福利的储蓄分散到几个不同的方式；五是政府如何解决市场失灵的问题；六是如何保证社会福利资金支出的透明性；七是如何选择改革的时机；八是如何确定经济增长与社会福利投入之间比例的协调；九是如何保证政府在福利投资中资金来源的可持续[①]。

在转轨改革之初，由于国家经济发展水平不高，社会保障机制改革的重点是尽量减轻政府财政负担，以便让政府更有能力缓解价税改革带来的阵痛。因此，社会保障着力解决的是上述第二个问题，即尽量维持社会保障的低水平均衡，重点在于满足基本需求。随着改革开放带来经济增长速度的加快，居民收入水平明显提高，加之财税、价格、金融和贸易等领域改革的深化，社会保障融资体制开始多元化。社会保障问题开始探索市场化的解决路径，居民开始拥有保障自身福利的自主权。

现阶段，某些社会保障领域中商品和服务的供给已经形成有效竞争，改变了由企业和政府统揽就业、住房和社会保障，转向社会保障遵照市场方式由个人承担（周小川、杨之刚，1992），提高了社会福利水平。但是，与前三个问题相比，科尔奈提出的后六个问题至今仍处于探索和研究阶段，尚没有取得实质性进展。这意味着与生产领域改革相比，转轨时期遗留的社会保障问题的改革存在明显滞后，这或将成为制约未来经济社会发展的主要障碍。

## 3.3　转轨时期价税财改革对当前深化改革的启示

转轨时期中国价税财改革的历史，反映出社会主义国家立足自身实际，探索经济发展和国家富强道路的不懈努力，是人民实践经验的总结和中国学者、改革者智慧的结晶，也是 30 多年来中国经济持续增长的基础。但是，价税财改革的历史也反映出，中国的经济改革具有明显的局部性和渐进性的特点，对各项改革措施之间的相互影响缺乏整体思考，不仅加大了深化改革的难度，某些改革措施的实施甚至背离改革的主线。"人们缺乏对改革的综合思考……改革的主线职能是市场化……以市场化为经济体制改革的基本思路，最令人担心的是市场化是否符合社会主义原则。"（魏杰、岳福斌，1989）

---

① 此观点为科尔奈教授 1999 年访问中国时提交论文的观点，后收录于《后社会主义转轨的思索》（科尔奈著，肖梦译，吉林人民出版社 2011 年版）一书。

对改革缺乏整体思考可能出现的问题是，各项改革之间不能有效互补，甚至相互掣肘。一个体系中的各种制度具有战略互补性，某一项或几项制度发生变革，其他的制度如果不进行相应的变化，就会与新制度不相配合，对新制度的实施形成阻碍作用。因此，制度变革本质上就应该是整体推进的，虽然在实施上可以分步进行，否则，就会存在巨大的制度运行成本（青木昌彦、奥野正宽，1999）。从中国转轨实践看，国家要在保持公有制为主体的基础上，既管理总需求，又管理总供给，在市场制度没有建立和完善的条件下，很多时候政府要模拟要素市场运行，客观上加大了改革的难度（楼继伟等，1987）。

当前，诸多研究呼吁用转轨时期价税财联动改革的思路来解决现实中的问题。例如，通过资源税改革推进电力等资源能源价格改革；通过房地产税改革进行房地产市场调控；增加所得税等直接税比重，用以解决资源约束，释放创新活力等问题（贾康，2013）。对待当前改革的问题，需要借鉴历史经验和教训。由于政府职能具有多维度、多任务的特征且不易量化（Tirole，1994），清晰界定政府与市场边界和职能变得更加困难。因此，在推出具体改革措施之前，要在顶层设计中明确市场化改革的主线，分步实施，整体推进。

下一步深化改革的总体思路应是，以健全和完善社会主义市场经济体制为核心和根本目标，继续深化资源能源价格改革，推进要素价格市场化改革，充分发挥价格在资源配置中的作用。逐渐降低间接税比例，缓解税收对市场价格的干预作用；探索所得税和财产税改革途径，缩小贫富差距。在严肃财经纪律的条件下，科学缩小政府支出规模，减少行政性支出，逐步改革行政性审批制度，减少政府管制，理顺政府与市场的关系，杜绝新形式的"预算软约束"。

转轨经济学家科尔奈曾将预算软约束的手段归纳为财政补贴、软税收、软银行贷款、软商业信誉和工资拖欠（科尔奈，2011）。20世纪80年代，中国税收制度的"一对一谈判"导致不同企业之间的税负水平不同，国有或者集体企业税负水平明显低于非集体企业，这就是典型的预算软约束。不仅仅是对国有企业，如果地方政府出现债务危机，中央政府一般会处罚项目负责人，然后对其进行救助。

国家预算软约束不仅仅存在于计划经济体制下，在完成转轨成为市场经济国家后，依然存在，即对地方政府和企业短期行为的容忍。国家预算软约束存在的主要原因为以下几个方面：一是出于政治考虑，担心改革后可能产生由劳动力不足转向劳动力过剩，对高失业率和低增长率的恐惧，制约整体改革的实施；二是某些行业可能存在唯一的或者几乎垄断的企业，改革可能在短期造成巨大的影响，使得供给出现严重问题（Segal，1998）；三是国有企业或者地方政府与中央财政的私人关系；四是为了掩盖当时决策的失误和维护领导的权威（白重恩、王一江，1996）；五是因为不能辨别项目营利性，而沉没成本过高，导致无效投资持续。

为此，科尔奈等转轨经济学家提出，清除国家预算软约束首先要通过立法严明财经纪律和强制预算硬约束。同时，在日常生活中运用补贴、税收准则和借款条件的透明性来确保预算硬约束的作用。转轨国家几乎都面临着强化财经纪律的要求，改革不合理的财税体制，矫正相对价格体系的扭曲，完善国家预算平衡。从法制和经济手段上建立严明的财经纪律需要较长时间的探索。当前中国经济领域的"反腐"已经体现出中央政府严明财经纪律的决心。需要注意的是，严明财经纪律要与改革行政审批权制度和减少对市场不必要的管制结合起来，并严格核算各级政府支出规模，使财政体制改革有利于释放改革红利。

也有观点提出，当前价税财改革最好与产权制度的改革相结合，可以较好地解决国家预算软约束的问题。由政府定价向市场定价的转轨非常有利于非国有经济的产生。因为在"短缺经济"中，非国有企业可以轻易地找到符合市场需求的产品。由于旧制度的惯性和政治体制改革的滞后，国家依然有动力保护国有经济，表现在：一是国家依然按照过去的契约关系，对国有经济进行财税补贴；二是非国有经济不能掌握"要素"产品（如土地、外汇、信贷和资源能源等）。为避免列宁所说的"小生产是经常地、每日每时地、自发地和大批地产生着资本主义和资产阶级的"，上述保护有存在的必要性。为了获得生存空间，"小生产者"不得不采取"寻租"手段获得资源。但是，如果寻租的过程伴有低成本，并且是创造生产力的过程，那么这种寻租在初期可能是拉动经济增长的（Mushtaq 和 Sundaram，2000）。从长远看，高寻租成本将降低经营效率，阻碍经济增长。

实施明晰的产权制度改革可以减少非国有经济寻租行为导致的低效率，也可以缓解国家对国有企业和地方政府的预算软约束问题。但是，国际经验表明，在追求经济增长动力的驱动下，国家对产权明晰的私人企业也可能会存在预算软约束的问题（Majumdar，1998）。在当前经济环境下，任何一项单独的改革措施都无法完全解决国家发展动力的问题。深化改革必须明确改革的主线，重视顶层设计与基层实践探索相结合。

从中国经济体制改革历程看，我们既希望有效发挥市场机制的资源配置作用，又要警惕完全自由化带来的市场失灵；既希望发挥政府的宏观调控能力，又要避免陷入转轨国家的经济体制与市场机制不兼容的困境。可谓深化改革步步维艰。当前中国正面临着经济运行机制的深刻变革。世界经济深度调整，金融和大宗商品市场剧烈震荡，地缘政治风险上升；国内经济增长基础不稳，前期积累的矛盾和风险进一步显现。稳固经济增长基础，提振市场信心，既要依靠深化改革释放红利，也需要建立更加精准和科学的政策调控体系。实现这两个目标的根本途径是建立符合经济规律的社会主义市场经济内在竞争机制。厘清政府和市场的边界，减少政策对资源配置的干涉，正确发挥价格、财税的基本职能，增强市场竞争带来的经济活力。

从当前深化经济体制改革的战略来看，价税财改革依然是重中之重。如果说转轨时期价税财改革的目的是促进社会主义市场经济体制的建立，那么当前价税财改革则被赋予更重要的职责。党的十八届三中全会赋予了财政以"国家治理的基础和重要支柱"的全新定位，而且对财税体制的功能与作用给出了"优化资源配置、维护市场统一、促进社会公平、实现国家长治久安的制度保障"的全新阐释，从而第一次从根本上摆正了财政和财税体制的位置（高培勇，2014）。价税财改革不仅影响经济发展目标的实现，也关系着经济可持续发展、社会和谐稳定以及提高国家制度自信等重要战略目标的实现。从当前新型价税财改革入手，借鉴历史经验教训，明确改革的主线，坚定不移地推进改革，是提升中国国际地位、构建文明强国形象的关键举措。

**参考文献**

［1］陈抗，Arye L. Hillman，顾清扬．财政集权与地方政府行为变化——从援助之手到攫取之手［J］．经济学（季刊），2002（4）．

［2］陈为群．论农产品产需矛盾与宏观经济政策导向［J］．陕西财经学院学报，1987（4）．

［3］杜萌昆．税制改革与价格改革［M］//载王振之、乔荣章等．价格改革与价格管理．北京：中国物资出版社，1987．

［4］高培勇．当前财政形势分析与对策［J］．财政研究，1995（4）．

［5］高培勇，邢成．对我国税制改革目标模式的再思考［J］．天津财经学院学报，1987（3）．

［6］高培勇．经济增长新常态下的财税体制改革［J］．求是，2014（24）．

［7］胡汝银．中国改革的政治经济学［J］．经济发展研究，1992（4）．

［8］胡文政．论建立农业所得税［J］．江汉论坛，1990（12）．

［9］何振一．财政改革三十年的历程与辉煌成就［J］．首都经济贸易大学学报，2008（6）．

［10］Jeffrey Sachs，胡永泰，杨小凯．经济改革和宪政转轨［J］．经济学（季刊），2003（4）．

［11］贾康．推动新一轮价税财配套改革［J］．中国投资，2013（1）．

［12］刘国光．辩证地看中国改革三十年［J］．南京大学学报（哲学·人文科学·社会科学），2009（1）．

［13］楼继伟，周小川．论我国价格体系改革方向及其有关的模型方法［J］．经济研究，1984（10）．

［14］楼继伟，肖捷，刘力群．新旧体制转换中改革思路的选择——关于经济运行模式与财政税收改革的若干思考［J］．管理世界，1987（4）．

［15］刘力群，石小敏．税收改革的反思与选择［J］．财贸经济，1987（6）．

［16］林毅夫，蔡昉，李周．论中国经济改革的渐进式道路［J］．经济研究，1993（9）．

［17］刘佐．关于流转税的特点和作用的初步探讨［J］．中央财政金融学院学报，1985（5）.

［18］青木昌彦，奥野正宽．经济体制的比较制度分析［M］．魏加宁，等，译．北京：中国发展出版社，1999.

［19］盛洪．中国的过渡经济学［M］．上海：格致出版社、上海三联书店、上海人民出版社，1994.

［20］盛洪．市场化的条件、限度和形式［J］．经济研究，1992（11）.

［21］盛洪．寻求改革的稳定形式［J］．经济研究，1991（1）.

［22］吴敬琏．中国经济体制改革面临的局势与选择——整体协调改革的基本思维和几种实施构想［J］．管理世界，1988（4）.

［23］吴敬琏．中国的发展方式转型与改革的顶层设计［J］．北京师范大学学报（社会科学版），2012（5）.

［24］吴敬琏．中国经济60年［J］．财经，2009（20）.

［25］魏杰，岳福斌．改革思路的评价与我们的主张［J］．经济学家，1989（1）.

［26］王诚尧．改革税小费大的不合理分配格局［M］//高培勇．"费改税"：经济学界如是说．北京：经济科学出版社，1999.

［27］卫珑．转轨时期财政体制改革观点综述［J］．经济学动态，1995（8）.

［28］王绍光．分权的底线［M］．北京：中国计划出版社，1997.

［29］汪毅霖．转轨时期的财政目标与财政制度改革［J］．科学决策，2005（9）.

［30］王振霞．价格改革的学术论争与阶段性特征［J］．改革，2014（3）.

［31］许经勇．论农业资金积累的两种基本形式［J］．经济科学，1990（1）.

［32］袁源．理顺税价关系对流转税实行价外税改革［J］．中国物价，1990（3）.

［33］周飞舟．分税制十年：制度及其影响［J］．中国社会科学，2006（6）.

［34］钟溶华．试论农产品价格改革［J］．商业经济与管理，1985（3）．

［35］周小川，杨之刚．对我国财税改革思路的若干评价［J］．财经问题研究，1992（7）．

［36］钟伟．解读"新双轨制"［J］．中国改革，2005（1）．

［37］张卓元．中国价格改革三十年：成效、历程与展望［J］．经济纵横，2008（12）．

［38］Chen, K.. The Failure of Recentralization in China: Interplay among Enterprises, Local Government, and the Centre ［M］//Arye L. Hillman ed., Markets and Politicians: Politicized Economic Choice. Dordrecht: Kluwer Academic Publishers, 1991.

［39］Dwight, P.. Reforming China's Economic System ［J］. *Journal of Economic Literature*, 1988, Vol. 26, No. 2: 601-645.

［40］Jin, H. H.. Qian, Y. Y. & Weingast, B. R., Regional Decentralization and Fiscal Incentives: Federalism. Chinese Style ［R］. Stanford University Working Paper, SWP-99-013, 1999.

［41］Majumdar, S. K.. Assessing comparative efficiency of the state-owned mixed and private sectors in Indian industry ［J］. *Public Choice*, 1988, Vol. 96: 1-24.

［42］Mushtaq, H. K., &Sundaram, J. K.. Rents, Rent-Seeking and Economic Development: Theory and Evidence in Asia ［M］. London: Cambridge University Press, 2000.

［43］Organski, A. F. K., &Kugler, J.. The War Ledger ［M］. Chicago: University of Chicago Press, 1980.

［44］Segal, I. R.. Monopoly and Soft Budget Constraint ［J］. *The RAND Journal of Economics*, 1998, Vol. 29, No. 3, Autumn: 596-609.

［45］Snider, L. W.. Political Strength, Economic Structure and the Debt Servicing Potential of Developing Countries ［J］. *Comparative Political Studies*, 1988, Vol. 20, No. 4: 455-487.

［46］Snider, L. W.. The Political Performance of Governments, Exterbal

Debt Service and Domestic Political Violence [J]. *International Political Science Review*, 1990, Vol. II, No. 4: 403-422.

[47] Stiglitz, J.. More Instruments and Broader Goals: Moving Toward the Post-Washington Consensus [J]. *The WIDER Annual Lecture*, 1998 (7).

[48] Tirole, J.. The Internal Organization of Government [J]. *Oxford Economic Papers*, 1994, Vol. 46: 1-29.

# 第4章 资源能源价格改革的难点与突破

  资源能源价格改革是当前经济体制改革的难点，是价格深水区改革的重要组成部分。实际上，在经济转轨时期，理论界就对资源能源价格改革的性质和原则进行了深入的讨论，并已经形成相对成熟的改革方向。但是到了 20 世纪 90 年代中后期，在维护能源安全和国内外市场联动加深的背景下，相关部门逐渐形成"加强垄断经营、做大做强国有能源企业"的指导思想，使得资源能源价格和体制改革的思路发生明显的变化。本章系统地论述了转轨时期资源能源价格改革的历程和达成的共识，并分析了当前资源能源价格改革难以推进的原因。在借鉴转轨时期经验的基础上，提出未来深化改革的方向和政策建议。

  在中国经济转轨时期，价格改革曾是经济体制改革的核心和突破口。随着改革的推进和社会主义市场经济体制的建立，绝大部分商品已经实现市场化定价。2014 年，国家放开烟草、铁路运输、民航运输等 24 项商品和服务价格，标志着政府定价和政府指导价只在极少数领域保留，绝大部分商品已经实现市场化定价。但是，这并不意味着价格改革已经全面顺利完成。目前，中国至少还存在两类价格问题尚待解决：一是形式上已经放开由市场定价的产品，存在以公共权利为背景的垄断，挤占消费者剩余；二是资源能源、公共服务等商品尚没有实现市场定价，资源配置效率较低。其中，资源能源价格改革被称为"深水区改革"，也是中国市场价格形成机制改革长期存在的难点。实际上，在经济转轨时期，理论界已经深入地探讨了资源能源产品的属性，并指出了价格改革的原则和方向。但是，由于能源安全问题、国内外市场联动以及渐进改革中逐渐形成的利益集团等因素，资源能源价格改革并没有顺利地朝着市场化的方向推进。

# 4.1 经济转轨时期资源能源价格的原则与探讨

## 4.1.1 转轨时期资源能源价格长期保持低位的理论和现实原因

新中国成立以来，中国长期对煤炭、石油等资源能源产品实行严格的政府定价和计划调拨，并保持资源能源的低税低价政策。究其原因大致可以概括为三个方面。

第一，对作为原材料投入品的基础产品实施低价，有助于实现当时国家经济发展战略目标。自新中国成立以来，中国经济发展的战略目标是"优先发展重工业、赶超发达国家"。重工业投资规模大且周期长，在缺乏外援和贸易的条件下迅速发展重工业化，政府不得不采取压低基础投入品价格的策略，将经济剩余快速集中到重工业部门（林毅夫等，1993）。具体做法是，对农业实行"低价低税、统购统销"政策，保障工业所需生产资料和城市农产品消费；对生产资料实施"计划定价、统购统配"政策，保障重工业优先发展需要；而对重工业制成品实施"高价高税、刺激优先增长"政策（刘立群、石小敏，1987）。这是作为基础投入品的资源能源价格，长期保持低位的重要现实原因。特别是 20 世纪 70 年代末到 80 年代，"文革"刚刚结束，经济发展基础遭到严重的破坏。为了促进经济快速发展，我国政府实行石油计划低价，这个时期的国内石油价格仅为同期国际油价的 26%~65%（王学栋等，2006）。

第二，资源能源价格形成机制缺乏理论指导和突破。政府长期对资源能源实施低价和计划调拨，这与当时理论界对马克思劳动价值理论的解读有关。根据马克思的劳动价值理论，人工资源是经过人类劳动创造的商品，是有价值的，也必须有相应的价格。但是，诸如煤炭、石油等自然资源（天然资源）则是自然界天然形成的，没有价值，所以"在没有价值的地方，也就没有什么东西可以用货币来表现[①]"。在这种认识的指导下，中国政府长期对煤炭、石油等资源能源实施低价，且价格中只包含必要的设

---

[①] 中共中央马克思恩格斯列宁斯大林著作编译局.《资本论（第3卷）》[M]. 北京：人民出版社，1966.

备折旧费用，而不反映商品使用价值。实际上，在 20 世纪 80 年代，很多研究试图纠正这种看法。茅于轼（1983）以煤炭为例，提出不考虑价格，经济计划只能搞实物平衡，但是实物平衡有多个方案，无从选择最优。认为煤炭等商品不是由劳动创造的，从而将其价格压低至供求平衡点以下的做法是不对的。煤炭价格过低，导致许多节能收益大的项目投资无利可图，许多建设项目经济绩效低。

第三，资源能源属于原材料投入品，其价格改革牵扯面广，影响面大。资源能源价格改革滞后的另一个重要原因，与国家的财政体制和分配机制密切相关。陈宗法、李旭媛（1992）概括总结了当时资源能源价格改革的难点，提出能源产品具有生产的自然垄断性和分配渠道的单一计划性，对国民经济的影响是深层次和全方位的。一是能源价格改革，会通过一次能源（煤炭和石油等）与二次能源（电力）之间的相互影响将改革的影响放大。二是能源价格改革（并轨）会使国有企业的部分利益，通过价格再分配制度转移给集体和私人企业，导致新的利益分配不平衡。三是能源管理体制是"中央办能源、全国各地用能源"，因此能源价格改革可能会导致地方政府和企业不再享有中央的"低价煤、低价油、低价电"的实物补贴。但是中央可以通过能源工业产品税、资源税等形式增加收入，也可以减少对能源企业的补贴，必然导致过去"中央一家亏损"转变为"中央、地方和企业"三家承担。四是能源价格改革（并轨）将预示着产量包干政策（计划内）的终结以及建设资金（计划外收入上缴国家的石油勘探开发基金、增超产煤价收入以及企业自留发展基金）的短缺。这就决定了推进资源能源价格改革必然会受到地方政府和加工工业企业的抵制，加大改革的难度。

## 4.1.2　转轨时期资源能源价格改革的现实动力

20 世纪 90 年代，对资源能源价格形成机制的系统性研究逐步成熟。理论界已经认识到资源能源产品的商品属性，认为应该按照效用、财富价值、生态价值以及稀缺程度来定价，定价原则需遵循马克思主义的地租理论（佘运九，1992）。实际上，国家凭借资源所有权，向企业或者个人收取使用费，这是一种经济上的租赁关系。即使资源所有权不能买卖，作为使用权也已经以地租形式进入商品化轨道。按照马克思提出的"资金化地租"的原理，逐步放开矿产品等价格，增设并逐步提高资源税，是符合社会主义计划商品经济要求的。真正意义上的地租是为了使用自然资源而支付的费用，而不管资源处于自然状态还是已经被开垦过。只要自然资源条件相同就规定相同的价格，条件（品位、肥沃程度、位置等）有差别，就规定差别价格。社会主义国家的资源价值是由劳动者创造的超额利润，收益归集体和国家支配，且主要用于开发和建设（胡昌暖，1992）。在理论研究逐渐走向成熟的同时，基础工业发展严重滞后、能源使用效率低下以及中央背负巨大的财政补贴压力等现实压力也迫使资源能源价格和体制改革尽快提上日程。

直到 20 世纪 90 年代，首先，资源能源价格改革滞后严重阻碍行业的积累和发展。长期实施低税低价政策导致资源能源供给严重不平衡，资源配置不合理，不仅不利于能源的高效利用，也导致资源能源行业亏损严重，且发展较慢。测算发现，由于转轨初期旧经济体制仍然在发挥着作用，市场调节的功能不能完全发挥出来，调节的力度和广度有限，从而使得我国工业化在水平迅速提高的同时又出现了基础工业发展滞后的问题。测算发现，1980 年至 1989 年的 10 年间，基础产业中基础产品的滞后系数分别为原煤 0.35、原油 0.50、发电量 0.25、成品钢材 0.31、木材 0.56、公路铺设 0.56、铁道铺设 0.59（马洪等，1993①）。

其次，资源能源等基础产品价格过低，导致工业行业的能耗高，造成大量的资源浪费。据统计，我国的能源经济效果（能源利用效率）从"一五"到"五五"期间经历两起两落，能源效率剧烈变动的主要原因与国家经济结构不合理有关，不断提高重化工业的比重是能源效率下降的重要原因。据统计，1980 年全国能源消费一半以上用于重工业，每亿元重工业净产值的能耗比轻工业和农业分别高 2.1 倍和 8.3 倍。能源价格过低导致使用不当、技术落后、管理落后也是能源利用效率过低的重要原因（赵华荃、郭季莲，1982）。

最后，资源能源价格改革滞后导致国家财政补贴负担过重。能源价格

---

① 马洪等. 市场经济与经济计划 [M]. 北京：经济科学出版社，1993：65.

改革进程缓慢，不仅影响能源行业本身的发展，也严重影响国家资金积累及产业结构调整。1985 年除煤炭工业亏损以外，石油和电力工业资金利税率基本上与工业行业的资金利税率相同。但是由于能源长期实施低价措施，到 20 世纪 80 年代末，只有电力行业利税率与工业行业平均利税率持平，煤炭、石油和天然气、热水生产等行业利税率均低于工业平均水平。1988 年国家对能源行业的亏损补贴为 35.41 亿元，占国家对工业生产部门补贴的 70.72%；到 1989 年这个比例上升至 80.92%。为了在能源行业亏损的情况下鼓励能源行业发展，国家只能在价格外提取"能源工业的重点建设基金"，鼓励能源行业投资，在"分灶吃饭"的体制下，这会极大地耗费中央的财力（初明、陈书通，1992）。

### 4.1.3　转轨时期资源能源价格改革的方向

为了解决转轨时期资源能源行业效率低下、行业发展缓慢等问题，理论界明确指出转轨时期资源能源价格改革的方向和步骤，其特点可以归结为三个方面。

第一，坚持渐进、平稳改革的步伐，逐步推行资源能源价格改革。研究认为，从价格改革的具体做法看：一是可以采取成本加平均资金利润率的做法，这是苏联的经验，但是为了防止价格过快上涨，加成的比例较小且各个行业生产条件、资本有机构成和资金周转速度不同，很难做到利润率的平衡和统一；二是按照劣等自然条件的平均生产成本制定价格，这样可以彻底解决能源行业的问题，但是调价幅度会过大，影响过于广泛；三是按照工资利润率和资金利润率各占 50% 制定价格，但是这样调价的幅度也会过大；四是以社会平均成本为基础，制定能源价格。对于自然条件不同的，采取税收手段进行解决，小幅调整价格，确保顺利过渡（冶瑞祥，1983）。

宋光茂（1985、1986），谷书堂、宋光茂（1987）提出，当时对于资源价格体系改革的认识有以下几种：一是一次性全面放开，使农副产品价格倒挂、能源矿产原料价格过低等问题一次性解决，在一两年内使得价格恢复到价值轨道上，即"速胜论"；二是调放结合、小步改革的"蚕食论"；三是生活资料谨慎改革、生产资料中速改革，农副产品价格购销倒挂大步改革的"大中小论"；四是对于供求基本平衡的产品价格完全放开，对于内外价差悬殊的全部收归政府定价的"平衡论"。这些观点各有利弊，对于实际操作均存在一定的难度。从系统论的角度，应以能源价格子体系为突破口，沿着一条扇形的道路直至改革整体价格体系。原因在于：一是能源涉及面极广，与工、农以及商品流通息息相关，能源价格体系改革能迅速波及其他价格子系统，有助于改革的全面推进；二是能源品种少，改革比较简单，且生活用能所占比重小，能源价格改革不会过度影响居民生活成本；三是我国有巨大的能源节约潜力，可以防止由于能源价格上涨带来的价格轮番上涨；四是能源价格改革有助于能源等基础行业的利税率向工业平均水平看齐。改革的方案，按照能源生产成本加上社会平均利润率来确立理论价格；按照资源禀赋优势，确立煤炭价格为基准价格。在此基础上，从煤炭领域开始，改革能源价格体系，并以此为突破点，全面改革价格体系。

第二，明确资源能源的商品属性，强调市场机制在资源配置中的作用。张卓元（1992）指出，生产资料领域价格改革滞后，与政府不愿放弃定价权有关。顺利推进深化工业生产资料价格改革，需要政府主管部门的工作人员转换思想，不要抱住定价权不放，让可以交给市场的产品价格的形成由市场力量来决定。陈书通（1993）认为，从 20 世纪 80 年代初实现能源包干制度，只重视产量包干，没有重视经济效益，导致能源行业开采效率低下，政策性亏损严重。但是由于体制的复杂性，难以在短期内用股份制代替包干制。过去能源体制改革中只重视垄断特性，忽视市场竞争的作用，是能源体制改革的重要问题。国家应由行政干预转向经济手段干预，重视能源工业自身的特性，满足市场取向改革的需求。改革的方向应是逐步向股份制过渡，加快能源价格改革，规范国家调控行为，保持对国际市场的开放性，重视国内区域能源市场的平衡发展。

第三，主张采取税收等经济手段，对价格形成机制实施间接干预。姜绍俊等（1991）指出，油气和电力是关系国计民生的产品。未来改革的方向是，煤炭按照重要性需求，实行价格双轨制，并做好煤电价格的衔接工作。具体分三步走：一是 1991—1992 年通过适当提高能源价格、加强对统配和国家定向供应产品的管理、加强流通过程管理等，为并轨创造条件；二是 1993—1995 年通过取消石油电力价格双轨制、对煤炭采取不同定价措施、综合运用价税财等经济杠杆以及引入期货等机制，基本实现并轨；三是 1996—2000 年，初步制定适合有计划商品经济要求的能源产品价格形成机制。于立（1994）也提出，自然资源大致可以分为三类，环境资源（空气、阳光等）、可再生资源（水源、森林等）和耗竭性资源（煤炭、石油和天然气等），其中讨论耗竭性资源定价问题更有意义。耗竭性资源的价格中应包含生产成本、正常利润和资源补偿费。其中，资源补偿费的经济性质，即矿山地租，是长期存在的超额利润，属于"绝对地租"。对于品位、储量等导致的不同"级差地租"，可以以"资源税"的形式收取。资源补偿费比资源价格有更加深刻的意义，因为资源补偿费是产权所有者经济决策的优化目标，而价格只反映决策的结果。

## 4.2　中国资源能源价格和体制改革思路的逆转

从实际情况看，转轨时期资源能源价格改革的讨论也深刻地影响了政府决策。资源能源价格改革的实施过程也确实体现了渐进改革、重视市场化和多元化导向、注重采用经济手段予以调节等特征。自 20 世纪 80 年代以来，政府相关部门不断放开办矿限制，鼓励发展乡镇煤矿，通过多种方式促进煤炭行业快速复苏。20 世纪 90 年代初，特别是邓小平同志南方谈话之后，中国石油行业曾经向民营资本开放批发和零售环节。到 20 世纪 90 年代末，中国市场大约存在 3340 家民营石油批发企业和 8 万座民营加油站，占全国成品油零售市场份额的 85%、加油站总数的 90% 和加油量的 60%①。

但是，中国资源能源价格改革并没有完全沿着市场化的方向推进。特别是 20 世纪 90 年代后期到 2000 年初，资源能源体制改革有明显的加强垄断、政府定价和计划调拨的特征。其主要的原因可以概括为以下四个方面。

第一，"能源安全"问题的提出强化了能源作为国家战略性物资的思想，特别是在国内外市场联动不断加强的油气领域，实行垄断经营的思想占据主导地位。第二次世界大战之后国际能源市场格局的变化以及 20 世纪 70 年代能源危机对发达国家经济发展的冲击，使得世界各国开始高度重视

---

① 北京大学国家发展研究院. 中国能源体制改革研究报告 [R]，2014.

能源安全问题。尤·叶尔绍夫（1981）指出，20世纪70—80年代，世界能源领域的主要问题是价格昂贵和严重短缺阻碍新工业综合体的建立。世界能源价格昂贵的主要原因是发达国家进口量的增长，以及拥有资源的发展中国家与发达国家之间矛盾的不断激化。同时，对于本国较为短缺的能源产品，国际市场价格的变化也将直接影响国内经济的发展。如王振中（1985）提出，国际市场价格呈现的是基础商品价格上涨幅度大于加工工业价格，与我国国内价格走势相反，导致国内能源大量出口、国内供给紧张与大量浪费局面并存。这种现象与国民经济总发展目标、外贸战略目标、财政收支情况等相矛盾。在这种情况下，将国内价格与国际挂钩将导致国内价格体系的大变化和混乱。20世纪90年代末到2000年初，在国际能源市场价格剧烈波动、中国加入世界贸易组织等背景下，加强管理、做大做强国有能源企业的认识得到加强。这个阶段，非经合组织国家的能源消费量不断上升，能源供给安全成为重要的国家战略（J. P. 弗里特，1995）。研究普遍认为，加强能源安全管理需要中央政府高度重视，而国有能源企业是承担能源储备和能源进口任务不可替代的重要力量（陈淮，1999）。新华社曾撰文指出，在国际低油价背景下，中国应坚持石油体制"寡头竞争"，这不是垄断回潮，而是企业市场生存之道①。

在此背景下，1999年，《国务院办公厅转发国家经贸委等部门关于清理整顿小炼油厂和规范原油成品油流通秩序意见的通知》（国办发〔1999〕38号）指出，截至1998年底，我国共有各类炼油厂220个，其中年加工能力100万吨以下的小炼油厂166个。小炼油厂过多过滥，盲目发展，不仅加剧了我国炼油工业生产能力过剩和布局不合理的矛盾，而且与国有大中型炼油企业争原油、争市场，干扰和破坏正常的原油成品油生产流通秩序。为此，依照国家有关规定清理整顿小炼油厂，石油集团和石化集团生产的原油、中国海洋石油总公司国内销售的原油及中国新星石油公司和地方油田生产的原油，以及进口的原油，全部由国家统一配置，不得自行销售。2001年，《国务院办公厅转发国家经贸委等部门关于进一步整顿和规范成品油市场秩序意见的通知》（国办发〔2001〕72号）提出，由于政出多门、利益

---

① 新华社：我国石油体制仍需坚持"寡头竞争"[J]. 中国石油，1999（2）.

驱动、监管不严等，成品油市场秩序仍存在一些问题，特别是一些地区和部门越权擅自批准建设加油站，造成加油站盲目重复建设，市场恶性竞争，不仅扰乱了成品油市场秩序，而且严重影响了石油石化行业的改革发展和国民经济的健康运行。为此，应严厉查处违法违规建设和经营加油站；严格成品油市场准入，进一步规范成品油市场秩序。

从上述文件表述看，20 世纪 80—90 年代，中国油气市场是存在明显的竞争的，特别是批发和零售环节。但是，随着国家开始高度重视能源作为战略物资的属性以及大力发展国有能源企业，政府对其管制方式、价格形成机制改革等方面的思路发生重要转变，在能源领域重视垄断经营的思想得到加强。

第二，20 世纪 90 年代，高度重视对资源能源产品生产和消费产生的负外部性问题，以环境保护为目的的管制思想得到强化。吕福新（1991）提出，自然资源的过度耗用、生态平衡的破坏和环境污染，以及经济增长和人民生活水平提高的限制或损害，使得我们应该从当今时代和我国现实出发，科学地运用马克思主义原理，充分认识自然资源价格的意义。自然资源的合理定价，可以限制人类对自然资源的过度需求和消费；自然生态问题常被认为是社会制度优劣的例证，其意义从社会主义向共产主义的过渡而日益增长。

资源能源产品消费产生的环境污染属于典型的负外部性问题。对于如何解决负外部性的问题，在理论上一直存在争论。在市场失灵理论的影响下，政府规范资源能源价格形成机制和消费行为，并从事相应的环境保护和修复工作，成为政府继续干预资源能源价格市场化改革的重要因素。实际上，20 世纪 90 年代，中国政府相关部门就已经开始制定非常严格的环境政策，比如关停"十五小"（15 种重污染行业的小企业要全部关停）等。但是，以加强行业整合、鼓励规模化经营为手段的改革，并没有解决中国在工业化过程中产生的环境污染问题。

第三，国内经济形势发生的变化，导致资源能源价格市场化改革实施不畅。20 世纪 90 年代，中国经济开始进入高速增长期，物资短缺时代基本结束，包括资源能源在内的商品生产开始出现过剩或者产量剧烈波动的现象，短期内出现"市场失灵"的情况。特别是市场化改革推进较为迅速的煤炭行业，其行业的产能过剩是以激化的形式表现出来的。据统计，1996年国内煤炭产量为 13.74 亿吨，实际消耗仅为 13.02 亿吨，库存大量增加。为此，1997 年政府采取严格限产的措施，但是年末库存仍然超过 2 亿吨。政府不得不于 1998 年采取更为严格的关井压产的措施（陈淮，1999）。

不仅如此，由于资源能源产品处于产业链的上游，且上下游产业体制改革的速度不同，价格形成机制改革导致的行业间矛盾冲突时有发生，最明显的是煤、电行业之间的矛盾。因为煤炭储备较为丰富，所以煤炭市场化改革的推进速度最快。但是，处于煤炭行业下游的电力行业长期实施垄断经营，这使得"市场煤"和"计划电"之间的矛盾持续存在。为了维护短期经济的可持续发展，政府不得不多次对已经实施市场化改革的煤炭定价进行干预，导致能源价格改革出现反复。

第四，在资源能源体制改革中，垄断格局和利益集团的形成，阻碍了进一步推进价格形成机制市场化改革。王振霞（2014）提出，随着渐进式改革的推进，必然会形成新的既得利益集团，成为深化改革的阻力。只要既得利益集团存在，价格控制和"租值耗散"（张五常，1974）就存在。从20 世纪 90 年代开始，政府加强油气、电力体制的垄断经营，电煤价格形成机制改革也一直没有突破。这导致当前市场化改革必然受到能源垄断企业的掣肘，使得未来深化改革的难度进一步加大。

## 4.3 转轨时期资源能源价格改革的局限和误区

如上所述，转轨时期研究的主要结论是支持运用市场化的方式，提高资源能源行业的经营效率，优化资源配置和降低财政补贴压力。但自 20 世纪 90 年代以来，能源安全问题受到关注、国际市场对国内影响日益加深以及国内能源垄断利益集团的形成，导致资源能源体制和价格改革的方向出现明显的逆转。以做大做强国有能源企业为目标的强化垄断经营，并没有明显提升国内能源安全，也没有解决能源行业经济效率较低、化石能源消费产生的环境污染等问题。

因此，对于资源能源体制和定价机制的改革，需要重新认识如下几个问题。

　　第一，资源能源的行业特征是否决定其必须实现垄断经营和政府定价？回答这个问题需要从自然垄断理论入手。古典自然垄断理论提出，部分行业由少数企业运行可以大大降低收费价格，这样从公众利益着想可以使得消费者享有利益。但是，古典自然垄断理论提出，实施垄断的行业需要具备相当严格的特征①。如果说古典自然垄断理论从公众利益或者产业特征的角度出发，那么现代自然垄断理论更多关注的是垄断带来的规模效应和效率因素，即垄断的经济意义。但总体而言，自然垄断理论并不认为垄断行业是不可以引入竞争的，恰恰相反，如果垄断成为效率损失或者不利于公众福利的原因，那么引入竞争则成为必然选择。从现实情况来看，中国石油（0.25）、中国石化（0.15）、中国海油（0.18）三家国家石油公司的运营绩效明显要低于以 BP、埃克森美孚为代表的主要国际石油公司（0.48）。即使将非商业目标（如就业）考虑进来，三大国家石油公司的运营绩效也要低于主要国际石油公司②（王蕾，2015）。

　　第二，维护国有能源企业的垄断地位是否有利于维护国家能源安全？产业组织理论认为，企业个体成为决策主体，通过市场价格竞争形成相应的分配机制，可以通过生产者和消费者个体获得相应收益，并维护交易的可持续性。但是，如果企业个体不能成为市场交易的决策主体，就必须通过合作（形成科层）完成交易，这样分配机制也倾向于集体获益，并维护交易的可持续性。这种合作是自愿的，也需要遵循市场基本交易规则。但是，出于国家安全、战略目标实现等非经济利益，某些产业的发展需要由公共机构负责决策，由公共机构负责制定交易形式、交易原则和分配机制，目的是实现国家公共利益③。这也是在能源安全概念框架下，维护国有能源企业垄断地位的重要原因。但是从安全性看，国内能源对外依存度并没有明显下降。据统计，在经济增速明显放缓的条件下，2015 年中国石油

---

　　① 如托马斯·法罗在 1902 年提出自然垄断行业需要具备 5 个基本特征，包括用户需要稳定可靠的供给，且这种供给通常只能由一家企业实现等。

　　② 将非商业目标（如就业）考虑进来，中国石油、中国石化、中国海油的生产效率分别为 0.26、0.16、0.23，而以 BP、埃克森美孚为代表的主要国际石油公司的平均生产效率为 0.28，三大国家石油公司的运营绩效也要低于主要国际石油公司。

　　③ M. J. Arentsen and R. W. Kunneke. Economic Organization and Liberalization of the Electricity Industry [J]. *Energy Policy*, 1996, 24（6）: 543.

对外依存度已经突破 60%，达到 60.6%；到 2016 年，这个比例上升至 65% 以上。除了对外依存度不断上升之外，国内的电煤、电力以及天然气等能源供给也时常中断。这都表明虽然国有能源企业经营规模不断扩大，但是并没有明显的保障国内能源安全。

第三，在资源能源利益集团已经形成的条件下，管制是否能解决困扰行业发展的各类问题？在中国资源能源体制和价格改革中，为了避免垄断经营产生的各类问题，政府也提出相应的加强管制措施，如政府在定价权、进出口等方面的限制。经济管制理论包含三个方面的内容，即管制的目的、管制的形式和管制对资源配置的影响。其中，核心问题在于解释管制的目的①，即哪些主体从管制中获益，哪些主体因为管制而蒙受损失，管制的目的对管制方式的选择和资源配置具有重要的作用。从总体上说，管制的目的一般包含两个方面，一是通过规范竞争保护消费者的利益，二是通过政策保护扶植企业的发展。在一定程度上，这两个管制的目的是此消彼长的，研究结果表明②③④，管制的存在使得企业形成了政府和企业、企业的所有者和经营者之间的双重委托—代理关系，实现有效管制的关键在于让渡消费者剩余作为对企业的补贴，同时鼓励企业降低生产成本，提高经营水平。

但是，无论管制的目的和形式如何，管制对资源的配置效率都会产生一定的影响。能源行业是关系国计民生的重要行业，世界各国都存在对能源行业实施不同程度的管制。但是，其管制目的和方式的不同使得管制的效果也不尽相同。在能源产业发展的初期，由于初始投资规模大、投资回报慢，采取对能源行业的进入管制和价格管制是有效保护资源和扶植企业发展的重要手段。随着能源行业的发展壮大和对国民经济和消费影响作用

---

① G. J. 施蒂格勒. 产业组织和政府管制［M］. 潘振民译. 上海：上海三联书店、上海人民出版社，1996.

② Matin philip Loed and Wesley A Magat. "A Decentralized Method for Utility Regulation," ［J］. *Journal of Law and Economics*, 1979, Vol. 22, Issue. 2：399-404.

③ David P. Baron and Roger B. Myerson. "Regulating a Monopolist with Unknown Costs," ［J］. *Econometrica*, 1982, Vol. 50, No. 4：911-930.

④ Jean-Jacques Laffont and Jean Tirole. "Using Cost Observation to Regulate Firms" ［J］. *Journal of Political Economy*, 1986, Vol. 94, issue 3：614-641.

的增强，很多国家对能源行业的管制逐渐转向了保护消费者的利益，维护经济发展的能源安全。同时，跨国能源企业的垄断特征使得能源利益集团的力量逐渐增强，具备影响制定管制法规政策的能力。管制理论并不排斥市场竞争，管制与竞争不是此消彼长的关系，而是互动良性循环的关系。在市场机制不健全的条件下，一定的管制可以减少负外部性，还可以扶植企业发展，形成有竞争力的市场主体。在市场机制发展到一定程度以后，管制应逐步转变方式，充分发挥市场的价值发现作用，实现规模经济和竞争效率之间的有效结合。判断放松管制、鼓励竞争的时间点，需要明确市场环境是否有利于形成适度的竞争、竞争是否符合优胜劣汰的要求、竞争的收益是否明显大于竞争成本。

## 4.4　转轨时期资源能源价格改革的启示

经济转轨时期对资源能源价格和体制改革的讨论已经趋于成熟，市场化改革的方向也较为明确。但是，由于对能源行业特殊性的理解不同，改革方向发生明显的变化。2017 年 5 月，中共中央、国务院印发了《关于深化石油天然气体制改革的若干意见》，明确了深化石油、天然气体制改革的指导思想、基本原则、总体思路和主要任务。其核心思想是，在维护国家能源安全、保障安全生产、促进节能环保的基础上，坚持问题导向和市场化方向，体现能源商品属性。这表明，政府已经在资源能源改革难以推进的根本问题上达成共识，只有坚持这个改革的方向才能真正推动价格的深水区改革。

为此，我们提出，应借鉴转轨时期的经验，从基础理论的探讨出发，认清资源能源产品的属性，研究垄断行业的特征、政府管制的方式和效果，找准改革的方向。

首先，应认真研究指导资源能源价格改革的基础理论。从"资源能源商品没有价格"到"逐步完善资源能源价格形成机制"是转轨时期基础理论探索和争论的巨大进步。当前，涉及价格深水区改革，也应重视对基础理论的研究。这包括自然垄断行业引入竞争、资源能源产品的完全成本定价、国内外价格联动的规律等。这对指导未来的改革方向至关重要。

其次，应明确资源能源的商品属性，坚持市场化的改革方向。虽然电力、煤炭以及油气行业是关系国计民生的重要物资，也是维护经济增长的必要投入，但是资源能源产品首先具备的是商品属性。其价格形成机制对资源配置的作用应遵循市场经济规律。能源安全的含义不仅仅是指稳定供给，也包含经济性和公平性。在完善的制度规定下，引入多元化的经营主体不仅可以保障能源安全，还能实现能源供给的经济性和收入分配的公平性。

再次，遵循转轨时期的经验，对资源能源实施分步骤改革。具体来说，在相关理论的指导下，明确资源能源改革的路径，尽快放开国内能源行业的零售市场，引入竞争机制，鼓励生产企业降低成本。之后，逐步放开对炼制环节的垄断，理顺能源产业各环节的关系，明确调价的合理界限。

最后，在资源能源价格改革中重视利用经济手段予以调节，避免改革进程的反复。市场化的改革方向并不意味着完全放开，不加管理。但是，政府价格调控不宜改变价格定价机制的透明性和可预期性。虽然当前价格管理部门主要通过税收等经济手段引导价格形成，而不是直接定价。但是由于政策制定的透明性不够，如税收等价格调控手段有明显的随意性，这将影响消费者的预期，不利于未来价格调控的顺利推进。

## 参考文献

[1] 林毅夫等. 论中国经济改革的渐进式道路 [J]. 经济研究, 1993 (9)：3-11.

[2] 刘立群, 石小敏. 税收改革的反思与选择 [J]. 财贸经济, 1987 (6)：26-32.

[3] 王学栋等. 我国石油价格形成机制的建立与完善 [J]. 中国物价, 2006 (4)：26-30.

[4] 茅于轼. 能源价格在能源分配中的作用 [J]. 煤炭经济研究, 1983 (5)：36-37.

[5] 佘运九. 自然资源价格的理论及其实施 [J]. 河北地质学院学报, 1992 (3)：338-343.

[6] 陈宗法, 李旭媛. 浅析能源价格改革的主要难点 [J]. 中国能

源, 1992 (4): 33-35.

[7] 胡昌暖. 资源价格的实质 [J]. 中国物价, 1992 (6): 26-29.

[8] 赵华荃, 郭季莲. 努力提高能源利用经济效果 促进国民经济发展 [J]. 统计, 1982 (4): 11-13.

[9] 初明, 陈书通. 从能源价格看资金积累及产业结构问题 [J]. 中国能源, 1992 (12): 7-9.

[10] 冶瑞祥. 我国能源价格问题研究 [J]. 价格理论与实践, 1983 (9): 13-18.

[11] 宋光茂. 价格体系改革的突破口应选在何处? [J]. 价格月刊, 1985 (5): 4-6.

[12] 宋光茂. 价格体系的战略性改革思路——价格体系改革的再探索 [J]. 南开经济研究, 1986 (12): 45-48.

[13] 谷书堂, 宋光茂. 价格体系的"块间断续动改革"与战略起步 [J]. 社会科学战线, 1987 (5): 24-32.

[14] 张卓元. 按市场经济的要求搞好价格体制改革 [J]. 瞭望周刊, 1992 (10): 18-19.

[15] 陈书通. 市场经济建立过程中的能源问题及战略对策构想 [J]. 中国能源, 1993 (7): 19-21.

[16] 姜绍俊等. 关于解决能源价格双轨制的几点意见 [J]. 中国能源, 1991 (7): 17-21.

[17] 于立. 资源价格新论 [J]. 财经问题研究, 1994 (2): 56-58.

[18] 尤·叶尔绍夫. 能源危机和帝国主义的政策 [J]. 国际经济评论, 1981 (8): 68-72.

[19] 王振中. 国内价格与国际市场价格的关系 [J]. 经济研究, 1985 (9): 38-45.

[20] 吕福新. 关于自然资源价格研究的意义和视角 [J]. 经济学家, 1991 (5): 104-111.

[21] 王振霞. 价格改革的学术论争与阶段性特征 [J]. 改革, 2014 (3): 23-30.

[22] 陈淮. 谁来承担石油进口的战略职能——对我国能源战略调整的

建议［J］. 中国石油月刊，1999（8）：8-10.

［23］J. P. 弗里特. 能源安全仍是头等大事［J］. 国际石油经济，1995（9）：27-29.

［24］G. J. 施蒂格勒. 产业组织和政府管制［M］. 潘振民译. 上海：上海三联书店、上海人民出版社，1996.

［25］M. J. Arentsen and R. W. Kunneke. Economic Organization and Liberalization of the Electricity Industry［J］. *Energy Policy*，1996，24（6）：543.

［26］Matin philip Loed and Wesley A Magat. "A Decentralized Method for Utility Regulation," ［J］. *Journal of Law and Economics*，1979，Vol. 22，Issue 2：399-404.

［27］David P. Baron and Roger B. Myerson. "Regulating a Monopolist with Unknown Costs," ［J］. *Econometrica*，1982，Vol. 50，No. 4：911-930.

［28］Jean-Jacques Laffont and Jean Tirole. "Using Cost Observation to Regulate Firms"［J］. *Journal of Political Economy*，1986，Vol. 94，Issue 3：614-641.

# 第5章 宏观价格管理与微观价格干预<sup>①</sup>

当前，宏观价格管理与微观价格干预之间的界限不清<sup>②</sup>，导致调控难度越来越大。比较突出的表现是，近年来房地产、股市价格波动、基本生活品价格暴涨等，其根源主要是货币供给导致的广义价格总水平波动，属于宏观价格调控的范畴。但是，在实际的政策取向上，往往采取限制价格波动幅度、限购、限贷等微观价格干预措施，这样不仅不能起到稳定价格的作用，甚至会导致价格暴涨暴跌，危害经济安全。

为了深入分析这个问题，我们选取房地产市场和股票市场作为研究对象，系统地分析在特殊的制度环境下，以简单地限制价格为代表的微观价格干预行为可能产生的不良后果。

## 5.1 房地产市场价格调控的系统回顾

中华人民共和国成立之后，政府和国有企业一直是住房投资、建设、分配和维护的主体，通过公有住房实物福利分配的方式满足城镇居民住房需求。企业职工申请并通过资格审核后，向所在工作单位缴纳较低的租金，即可享受单位公房的使用权。福利公房虽然解决了职工基本生活的需求，但其弊端不断显现，迫使政府进行住房制度改革。本章希冀从梳理改革历史入手，深入分析我国住房制度改革取得的成就和突出的问题，为未来深化改革提供政策建议。

---

① 本章主要内容发表于《经济研究》2017 年第 4 期（作者：王朝阳、王振霞）和《财经智库》2018 年第 2 期。

② 吴敬琏. 全面深化改革的关键一步［N］. 人民日报, 2015-10-19.

### 5.1.1　中国住房制度改革的历史变迁

**1. 1978—1993 年：以"出售公房"为主要内容的住房商品化探索阶段**

在改革开放之前，理论界和政府相关部门普遍认为，住房属于"非生产性支出"，只消费相应的建筑资源，并不产生经济成果，所以提供住房的标准仅仅是用于满足职工家庭的基本生活需要。随着经济发展和城镇居民人口的不断增加，公房福利分配的弊端不断显现。

第一，政府和企业提供住房越来越难以满足职工的基本生活需求。由于公房的福利性质，企业只向所在单位职工收取极少的租金。据统计，20世纪 50 年代中期，房租约占职工家庭收入的 15%，1981 年全国平均房租只占职工家庭收入的 1.39%①。过低的房租导致企业没有改善住房条件的投资意愿，使得 20 世纪 80 年代初城镇居民人均住房面积低于解放初水平。

第二，住房分配制度成为社会不和谐因素，也阻碍劳动力自由流动。公房分配的主要标准是工龄、厂龄和家庭人口数量，有平均主义倾向。在具体分配过程中还存在利用职务之便进行寻租的现象，引发群众不满，也导致社会不和谐。此外，住房将职工和企业严格联系在一起，离开工作单位就要上交住房，不利于劳动力的合理流动。

第三，沉重的住房补贴负担，促使政府重新思考房地产行业在国民经济中的作用。由于长期实行低租金，导致企业没有能力对现有住房进行修缮和维护，更无法为新建住房提供资金，政府和企业在住房上的补贴负担越来越重。这促使改革者对住房的性质进行重新思考。1980 年，邓小平同志指出："从多数资本主义国家看，建筑业是国民经济的三大支柱之一。过去只把它看成是消费领域的问题，应该看到，建筑业是可以赚钱的，是可以为国家增加收入、增加积累的一个重要的产业部门。建筑业发展起来，可以解决大量人口的就业问题，可以多盖房，更好地满足城乡人民的需要。随着建筑业的发展，也就带动了建材工业的发展。在长期规划中必须把这个问题放在重要地位。此外，要考虑城市建筑住宅、分配房屋的一系列政策。城镇居民个人可以购买房屋，也可以自己盖。不但新房子可以

---

① 孙鸣阳. 城市职工住房制度应与工资制度同步改革 [J]. 经济体制改革，1986（5）.

出售，老房子也可以出售。可以一次付款，也可以分期付款，10 年、15 年付清。住宅出售之后，房租恐怕要调整。要联系房价调整房租，使人们感到买房合算。不同地区的房子，租金应该有所不同。将来房租提高了，对低工资的职工要给予补贴。"①②。至此，房地产行业的属性得到重新讨论，不再只是消耗资源的消费部门，而是拉动经济增长的重要支柱。

第四，学术界对住房商品化的讨论，为改革提供了理论基础。住房商品化改革在 20 世纪 80 年代曾经经历了激烈的争论。有的研究依据马克思主义理论指出，让工人赎买出租住宅是荒谬而反动的，恢复个人对住宅的所有权是倒退。也有研究提出，马克思对个人房屋所有权的论述有特定的历史背景。马克思和恩格斯没有限制未来社会主义把国家建造的住宅出售给工人。社会主义国家，工人的地位已经发生变化，历史任务也不再是毁灭旧世界，而是建设新生活，工人拥有住宅是工人生活条件改善的重要表现；住房制度改革的关键是避免"左"的指导思想干扰，改善经营管理，提高效率，真正按照商品经济的规律运行③。

基于上述因素，20 世纪 80 年代初开始了以"公房出售"为主要内容的住房制度改革。其目的是以售房代替租房，给企业甩包袱。1980 年 6 月，中共中央、国务院批转《全国基本建设工作会议汇报提纲》，这是中国住宅商品化改革的开始。通过在部分城市搞试点的方式，由企业、个人和政府各承担房价的 1/3（"三三制"），鼓励职工自主购房。

但是，由于没有同步提高租金，职工工资收入较少，居民没有购房的意愿。此外，部分地方政府财政负担较重，经常将自己需要承担的购房款转嫁给企业，导致企业支出压力加重，"三三制"改革并不顺利。为尽快收回资金，很多地区出现贱卖公房的现象。1986 年 3 月，城乡建设环境保护部出台《关于城镇公房补贴出售试点问题的通知》，规定城市出售公有住宅，原则上按全价出售；对有些城镇不计后果随意贱价出售旧房的做法，必须坚决制止；对那些在售房中搞不正之风的单位和个人，要追究责

---

① 中共中央文献研究室编 . 邓小平思想年谱（1975—1997）[M]. 北京：中央文献出版社，1998.

② 杨慎 .《邓小平关于建筑业和住宅问题的谈话》发表纪实 [J]. 中国发展观察，2010（5）.

③ 晓亮 . 住宅商品化是前进还是后退 [J]. 江汉论坛，1983（4）：10-13.

任，严肃处理。

"三三制"改革的失败，让政府相关部门重新思考住房商品化改革的方式，并从国家战略的层面出台相关规定和文件。1986 年 1 月，国务院住房制度改革领导小组成立。1988 年 2 月，国务院住房制度改革领导小组发布《关于全国城镇分期分批推行住房制度改革的实施方案》，其改革的思路是通过合理调整租金、对职工买房实施优惠等措施鼓励职工自主买房。但是，1988—1989 年，由于价格闯关的影响，暴发了严重的通货膨胀，银根紧缩，很多住房建设项目停工，住房制度改革没有取得预想的成功。

20 世纪 90 年代，住房制度改革再次提上日程。1991 年 6 月，国务院发布《关于继续积极稳妥地进行城镇住房制度改革的通知》（以下简称《通知》）。同年 10 月，国务院转批国务院住房制度改革领导小组起草的《关于全面推进城镇住房制度改革的意见》（以下简称《意见》）。《通知》和《意见》提出：一是要有计划有步骤地提高公房租金；二是推行国家、集体、个人三方面共同投资体制；三是对于按照市场价格购买的公房，购房者拥有全部产权。同时，文件指出，实施旧房旧办法、新房新办法，对新竣工的公有住房实行新房新租、先卖后租等办法。这体现中国住房体制改革的渐进特点。

但是，在具体的执行过程中，由于居民购房意愿并不强烈，各地方政府和企业过度重视优惠售房，租金没有明显提高，低价贱价出售公房的现象依然严重。特别是，1992 年又暴发严重的通货膨胀，导致住房改革被迫中止。1993 年 12 月 31 日，国务院办公厅紧急通知，要求各地停止低价售房并冻结一切售房款。

这个阶段住房制度改革的主要特点，是以中央政府为主导的自上而下改革，目的是缓解政府和企业住房投资的压力，属于住房市场化改革的探索阶段，尚未形成市场化的投资、建设和购买主体。

### 2. 1994—2000 年：以权力下放为特征的住房商品化全面推进阶段

经历初步探索之后，住房制度改革的市场化特征显现，逐渐形成以权力下放、培育市场主体为特征的改革。1994 年，国务院发布《关于深化城镇住房制度改革的决定》，提出按照国家、企业和个人合理负担的原则进行住房体制改革，将公房实物分配改为货币工资分配，建立面对中低收入的保障性住房和面对高收入家庭的商品房，建立住房公积金制度。至此，全面市场化的改革开始了。

首先，房地产建设的收益下放至企业和地方政府。1996 年 8 月国务院办公厅转发了住房制度改革领导小组《关于加强国有住房出售收入管理的意见》，同意售房收入全部留归售房单位用于住房建设和住房改革①。早在 20 世纪 80 年代末，就有研究开始探索建立政府建设用地的有偿使用原则，明确提出政府对土地的基础设施投资，是产生社会效益和经济效益的。其经济效益就是土地的级差收益，既然土地的级差收益是基础设施投资的效益，那么这部分收益应当由投资者——政府收回，再用于市政基础设施建设。当然，这部分收益主要是归地方政府所有，这必然会影响中央财政收入，需要通过协商找到解决办法②。

其次，运用市场机制，鼓励居民购房。20 世纪 90 年代之后，住房制度改革的重点是通过增加工资，将住房补贴"明补"到工资中。加之公房租金不断提高，以及推行和完善住房公积金制度，政府开始运用市场机制鼓励居民购买自住住房。1996 年 8 月，国务院办公厅转发了国务院房改领导小组《关于加强住房公积金管理的意见》，推动和完善住房公积金的管理体制。同时，开始探索将住房建设投资规划从中央指令性计划中分离出来，确立以地方政府为主体的指导性计划管理体制。

再次，探索金融对住房改革的支持作用。有研究指出，无论是实施市场机制的资本主义国家，还是实行有计划管理的社会主义国家，金融在其房地产和建筑业中都起到重要作用。这个作用主要表现在积累储蓄、为房地产投资提供资金和发放贷款，帮助居民筹措资金，即运用金融杠杆，起到投资和中介的作用，实现住房建设的良性循环③。实践中，中国人民银行批准烟台、蚌埠两市进行住房金融制度改革试点，吸收个人住房储蓄与提供长期低息贷款，向房地产开发企业提供必要的流动资金；在全国范围内发展住房合作社。

---

① 李培. 中国住房制度改革的政策评析 [J]. 公共管理学报，2008 (7)：47-55.

② 纪严中：要发展有计划的商品经济条件下的房地产业 [J]. 计划经济研究，1987 (3)：21-27.

③ 周正庆：金融部门要积极投身住房制度改革 [J]. 中国金融，1987 (5)：17-19.

最后，提出成立专业的房地产企业，减轻普通企业的建房负担。研究指出，要进一步减少居民与工作单位在住房上的依赖，成立社会化经营的住房公司，这是培育新体制生长点和住房商品化的起步①。同企业的其他福利保障制度一样，现行的住房制度极大地限制了劳动力的流动性，也阻碍劳动力的流动和劳动力市场的形成，这是企业制度改革的难点，所以住房制度改革是企业改革的重要内容，是企业成为自主商品生产经营者的前提条件之一②。

到 20 世纪 90 年代末，政府文件和各项法规已经明确要停止福利性实物分房制度。如 1998 年 7 月 3 日，国务院下发《关于进一步深化城镇住房制度改革　加快住房建设的通知》，明确指出从 1998 年下半年开始停止住房实物分配，逐步实行住房分配货币化。1999 年 8 月，建设部发布《关于进一步推进现有公有住房改革的通知》，明确指出"凡属各地房屋管理部门直管的成套公有住房，除按规定不宜出售的外，均应向有购房意愿的现住户出售"。

值得注意的是，这个阶段住房市场化改革是将住房投资、建设和销售的职能从政府和企业中逐步剥离，理顺政府、专业房地产企业、金融机构和个人的关系，实现住房商品化、分配货币化。但是，国家住房市场的发展目标是建立和完善以经济适用房为主的多层次城镇住房供应体系。

**3. 2000—2015 年：以价格调控为主要内容的住房市场建设阶段**

与低价出售公房形成鲜明对比，2000 年之后房地产市场价格明显上涨。究其原因，大致可以概括为三个方面：一是对房地产行业在国民经济发展中作用的认识发生变化。2003 年 8 月，国务院下发《关于促进房地产市场持续健康发展的通知》，明确指出"房地产业关联度高，带动力强，已经成为国民经济的支柱产业……调整住房供应结构，逐步实现多数家庭购买或承租普通商品住房"，也就是说这个阶段，商品房已经取代经济适用房，成为建设的主体。二是城镇化进程的推进，导致城市人口数量快速上涨，客观上形成了对房地产市场的高需求。三是分税制改革以及遭遇 1998 年亚洲金融危机之后，地方政府财政收入的压力加大，使得土地财政成为地方经

---

① 王育琨. 论我国城镇住房制度改革［J］. 经济研究，1992（1）：75-80.
② 王育琨. 住房改革背景分析［J］. 管理世界，1992（5）：44-54.

济增长的重要支柱。

2000 年之后，价格调控成为房地产市场建设的重要内容。2005 年 3 月，国务院办公厅下发了《关于切实稳定住房价格的通知》（老"国八条"），首次提出对房价过快上涨的地区实行行政问责，将稳定房价提升至政治高度。2006 年 5 月，国务院办公厅转发建设部等九部委《关于调整住房供应结构稳定住房价格的意见》（"国六条"）。此后，相关部门不断出台各类价格调控政策，主要调控方式是实施限购等需求控制措施。

值得注意的是，在 1998 年停止福利分房之后，各级政府对保障房工作重要性的认识不足，导致保障性住房建设滞后，通过廉租房和经济适用房来解决住房困难问题的政策没有得到有效执行①。

**4. 2016 年至今：回归住房的基本功能的房地产市场规范发展阶段**

经过将近 40 年的住房制度改革，目前我国居民住房条件有了明显改善。但是，在城镇化快速推进和房地产价格不断上涨的背景下，住房市场的发展已经成为经济结构转型和居民生活质量改善的障碍。同时，由于保障性住房建设不足，仍有大量城乡居民居住在老旧危房中。据统计，截至 2015 年，我国仍有接近 1 亿人口居住在城镇棚户区②；截至 2016 年 4 月，仍有 1600 多万贫困农户居住在危房中③。"居者有其屋"的住房制度改革目标仍未实现。

2016 年中央经济工作会议明确提出，坚持"房子是用来住的、不是用来炒的"的定位，综合运用金融、土地、财税、投资、立法等手段，加快研究建立符合国情、适应市场规律的基础性制度和长效机制，既抑制房地产泡沫，又防止大起大落等。党的十九大报告提出，加快建立多主体供给、多渠道保障、租购并举的住房制度，让全体人民住有所居。新的调控政策的指向，是回归住房的基本功能，建设有序发展的住房市场。

---

① 张清勇．中国住房保障百年：回顾与展望 [J]．财贸经济，2014（4）．

② 李克强：中国城镇化率只有 55% 还有 1 亿人口居住在棚户区 [EB/OL]．http：//money. 163. com/15/0909/18/B33EPBLM00253B0H. html.

③ 住建部："十三五"期间要重点做好建档立卡贫困户危房改造 [EB/OL]．http：//www. xinhuanet. com/politics/2016-04-29/c_1118775069. htm.

### 5.1.2　中国住房制度改革的反思

与商品市场化改革的思路一样，中国住房市场化改革依然是遵循渐进改革、增量改革、逐步并轨的思路。但是，住房与普通商品存在较大的差异，这就导致在房地产市场供求调控中，政府、企业和个人之间的关系更加复杂，改革难度更大。

从商品属性看，与普通消费品不同，商品化的住房除满足居民基本生活保障以外，还具有财富效应和社会福利效应，也是国家经济增长的源泉和地方政府收入的重要来源。过度的商品化和市场化必然导致供求双方只关注价格和收益，忽视市场的健康持续发展。

从供给层面看，普通商品市场化改革的目标就是增加供给。例如，价格双轨制改革的目标就是通过市场定价鼓励多生产，逐步实现供求平衡。但是，受土地供给的限制，房地产供给不可能无限的增加。在政府垄断土地供给和对土地财政高度依赖的条件下，控制供给、提高价格成为必然的趋势。

从需求层面看，受城镇化进程的影响，不同区域、不同城市以及同一城市不同区域之间，其居住环境和公共服务水平差异巨大，这也导致不同城市、不同区域住房需求存在非常明显的差别，使得政府"一刀切"的调控政策无法起到价格调控的作用，调控政策收效甚微。

除了价格调控和供求调控失效以外，以鼓励市场发展为目的的住房金融化发展也成为经济安全隐患。当前，房地产市场融资中银行资金比重过高，房地产属性日趋金融化，不仅是对实体经济的挤出，也是国家金融系统风险的重要来源。

此外，从住房市场化改革开始，历次出台法规性文件都提到，要提高工资水平以保障住房支出，要建设和完善住房公积金制度，要大力发展以经济适用房和廉租房为代表的保障住房体系。但是，到目前为止，这些问题依然没有得到较好的解决。住房支出在工资中所占比重依然较低，不同性质单位的住房公积金提取标准差异较大，住房公积金依然是单位福利的表现。经济适用房和廉租房的融资、建设和上市交易制度依然不完善。

### 5.1.3 简述未来住房制度改革的政策建议

综上所述，我们提出，住房制度改革必须上升至国家战略层面，保持调控制度的一致性。树立市场供给与政府保障相结合的管理思路。明确各类住房（商品房、经济适用房、廉租房、自住房，单位配售住房、农村宅基地和建设用地）的产权性质。完善租售并举制度。运用更加灵活、区别化的调控手段。

针对当前改革提出的居住用地供给多元化和单位自主建房的政策，要吸取历史经验和教训，避免政策制定和执行过程中的不公平。同时，要重视住房制度改革的时机选择，避免经济增长或者物价水平剧烈波动。完整的住房保障体系需要财政、金融、产业和社会保障各类制度改革，形成配套改革措施。

## 5.2 股票市场价格限制政策的实施和效果评价

价格波动是股市的天然属性，但过度波动不利于股市功能的发挥。股价在短时间内的暴涨或暴跌，皆是过度波动的表现形式。自 2014 年下半年以来，中国 A 股市场对暴涨和暴跌给出了充分的演绎。仅 2014 年 12 月一个月时间，上证综合指数上涨幅度就达到 33%；但此后仅过了半年多的时间，股市又呈现近乎崩盘式的急跌，2015 年 8 月 18 日至 26 日仅 7 个交易日，上涨综合指数下跌幅度超过 29%。这种过度的剧烈波动极大地损害了投资者、上市公司乃至整个国家的利益，促使各界对股市暴涨暴跌背后的各类因素进行深刻反思。如清华大学国家金融研究院（2015）认为，这轮股灾在宏观层面反映了人们对转型、改革的过高预期与短期经济表现未达到预期的矛盾，在微观层面则有资本市场自身制度建设缺陷等技术原因。

如果把研究视野拓宽，可以发现中国股票市场自建立以来，多次出现剧烈波动的现象。有研究指出，中国股市存在"高波动之谜"（周洪荣、吴卫星、周业安，2012）。一般认为，股市的高波动可能源于三个方面的原因：一是宏观经济周期性波动和宏观政策的不确定性。由于中央银行货币政策主要关注经济增长和通货膨胀指标，只能"被动"应对股市和房地产市场变化，从而导致资产市场价格剧烈波动。二是股市交易结构和行为金融因素。例如中国股市的投资者长期以来都是以"散户"为主①，人们普遍认为，散户交易行为更容易受到"非理性因素"的影响，恐慌情绪一旦出现就很容易导致竞相抛售和相互踩踏。在涨跌停、融资融券和"T+1"交易制度限制下，当价格达到涨跌阈值时交易将被迫暂停，使得流动性接近枯竭，恐慌情绪被延至下一个交易日，如此形成恶性循环。三是股市交易制度自身缺陷。如中国内地股市上市公司广泛使用股权质押、定向增发和高杠杆进行并购，在股市下跌过程中为求自保，往往主动采取停牌处理，这使原本的正常交易被终止，导致作为流动性资产的可交易股票进一步减少，也加速了仍可交易的股票价格的下跌。无论上述哪类原因，基本都是通过改变市场流动性来加剧市场波动。因此，流动性成为最重要的因素，流动性剧烈变动的背后则是现行的市场结构、交易制度和监管体制的缺陷。

从对 2015 年股市剧烈波动的反思看，现行交易制度中的涨跌停制度、"T+1"交易制度、上市公司"任性"停牌、杠杆融资的监管、现货与期货市场的联动等纷纷遭到质疑。其中，涨跌停制度受到的诟病尤为突出。杠杆融资、金融衍生品交易等本身属于金融创新的范畴，在实施初期必然伴随着较为突出的交易风险，出现问题或许还能够被理解和接受。但是，涨跌停制度设计的初衷就是通过暂停交易来稳定投资者的情绪，促进信息有效传播以减少股价波动，从而更好地保护投资者利益。那么在当前的市场环境下，涨跌停制度的稳定器作用是否还能有效地发挥呢？值得关注的是，在引入融资融券这一杠杆交易制度后，涨跌停制度在一定程度上导致交易中断和价格发现滞后等问题，使得市场流动性进一步被限制。这些问题不得不让我们重新反思现行交易制度的合理性。

为回答上述问题，本节将以涨跌停制度为主题，基于中国 A 股市场展开比较研究。（1）本节从直观上揭示涨跌停制度和股市波动率之间的关系，运用 EGARCH 模型比较中国 A 股市场、中国台湾股市与美国股市、中国香港股市在波动率上的差异，初步验证涨跌停制度是否有稳定股市的作

---

① 根据万得（Wind）公布的数据计算，截至 2016 年 8 月底，持 A 股流通股市值小于 10 万元的投资者占全部投资者的比例超过 70%。

用。(2) 本节将进一步考察股市波动的微观基础，即个股股价波动特征和影响因素。中国内地股市出现异常波动的时期，总是表现出大部分股票"同涨同跌"的现象，且与宏观经济周期并不总是一致。这说明在宏观因素和公司基本面因素之外，诸如涨跌停制度等机制设计可能是股价异常波动的重要原因。我们认为，同时在 A 股和 H 股市场上市的 AH 股为研究中国股市涨跌停制度提供了一种自然实验的视角，因为在 A 股和 H 股市场上市的是同一家公司，基本可以忽略公司基本面信息差异对股价波动的影响。如果能够控制住市场因素，那么两个市场股价波动的差异可以体现出交易制度的影响。(3) 我们以实施涨跌停制度的 A 股市场为研究对象，考察融资融券制度的实施效果，验证引入杠杆交易后，融资融券与股价波动率之间的关系。(4) 针对备受指责的散户主导市场特征，我们还将考察大户持股比例以及散户持股比例与股市波动率之间的关系，以明确市场波动的诱因。

## 5.2.1　文献综述与研究假设

### 1. 相关文献评述

1987 年，美国爆发严重股灾并引发全球金融市场恐慌，迫使西方发达国家和地区政府着手探索稳定金融市场、缓解资产价格剧烈波动的途径。总体来看，管制的方法归结为两个方面，一是加强对金融市场的监管，二是实施金融市场交易稳定机制。相关的稳定机制大致可以分为三类：一是价格稳定机制，如涨跌停限制（Price Limit）；二是市场交易熔断机制（Circuit Breaker）；三是暂停交易机制（Trading Halt）。其中，涨跌停制度是最为严格的交易稳定机制。从实际情况看，触发熔断和停牌退市现象并不会经常出现，但是，涨跌停制度在每个交易日都会限制股票交易，无论对个股还是整个市场都有重要影响。

金融市场价格稳定机制自实施以来，对其作用和效果的争论一直存在。赞同实施价格干预的研究认为，价格稳定机制可以有效减少交易者成本，并缓解剧烈波动导致的恐慌交易。比如在期货市场中，保证金被看作是交易者的成本支出，在实施涨跌停制度后，价格波动幅度受到限制，这样就可以减少保证金数量从而降低交易成本（Brennan，1986；Chou Lin 和 Yu 2003）。不仅如此，在市场信息对称且完备的条件下，保证金制度和价格限制政策的配合使用，还可以保证资产价格波动不脱离经济基本面（Chowdhry 和 Nanda，1998），同时形成更加优化的风险分担机制（Kodres 和 O'Brien，1994）。此外，在外部冲击导致金融市场价格剧烈波动时，价格稳定政策为信息充分传播提供了充分的时间，使投资者有机会进行冷静思考，从而减少冲动交易和恐慌交易，防止资产市场暴涨暴跌（Greenwald 和 Stein，1991；Ma 和 Sears，1989）。

但是，在价格稳定政策实施以后，金融市场价格剧烈波动依然经常发生，全球或区域性的股市、债市危机并没有被消除。由此，涨跌停等价格限制政策稳定交易者情绪、缓解市场波动的作用也在不断受到质疑。总体看，质疑的理由概括为三个方面：一是延迟价格发现假说（Delayed Price Discovery Hypothesis），即在稳定政策的限制下，如果市场供需出现不平衡，价格将很容易到达限制值，调整供求不平衡的交易将被迫推延至下一个交易日甚至更长的时间，从而延迟市场的价格发现功能；二是波动外溢假说（Volatility Spillover Hypothesis），由于涨跌停制度的限制，投资者被迫在之后的交易日进行交易，导致之后交易日的价格波动更加明显；三是交易干扰假说（Trading Interference Hypothesis），即当达到价格上下限时，交易被迫暂停，干扰了市场交易的连续性，同时也极大限制了市场流动性，导致市场恢复均衡的难度加大。Chen，Kim 和 Rui（2005）对相关内容进行了概括。

从现实应用情况看，涨跌停制度多出现在股票市场建立的早期阶段。例如，中国台湾股票市场起步较早，早在 20 世纪五六十年代中国台湾地区就以"店头市场"为雏形，组建股票交易市场。由于初期市场规模小，交易量低，市场很容易被操纵，导致价格波动大，被称为"吃人的市场"（朱磊，2010）。类似地，中国内地股票市场从建立之初也采取涨跌幅限制的政策。1990 年 12 月 19 日，上海证券交易所最早开始实施涨跌停制度，并设定涨跌停幅度为 5%。此后经过多次调整，直至 1996 年 12 月才正式确立当前的涨跌停制度。但不少研究表明，中国内地股市、中国台湾股市的涨跌停制度并没有真正起到稳定市场的作用（Chen，1993；Chan 和 Rhee 2005；陈平、龙华，2003）。特别是在散户交易者占大多数和媒体报道渲染的影响下，实施价格限制政策导致市场波动加剧的效应可能远远大于稳定市场的效应（Subrahmanyam，1994）。

　　在研究方法上，很多文献选择 GARCH 族模型来描述股市波动率。现实中，大多数金融市场时间序列数据具有非正态分布、尖峰厚尾以及波动丛聚的特征，而且不满足传统时间序列所要求的同方差假设。为克服传统分析方法在分析金融数据时所导致的偏差，Bollerslev（1986）在 ARCH 模型的基础上建立了 GARCH 模型，成为分析金融市场收益波动率的常用方法。之后，计量经济学家不断拓展 GARCH 模型，如为解决股票市场非对称的杠杆作用提出了 TARCH 模型，以及 Nelson（1991）为解决正负冲击不同影响提出了 EGARCH 模型。吴武清等（2013）采用上海证券交易所公布的上证工业指数等五类行业指数收益率，运用 GARCH 族模型建模并进行比较分析，发现大部分 GARCH 类模型都存在对系数的限制，过多的滞后项将降低系数的估计精度；比较而言，EGARCH（1，1）可以拟合出合适的条件方差，更好地反映市场收益波动率的实际情况。

　　但是，GARCH 族模型只能直观反映金融市场波动率的基本特征，不能解释导致波动差异的原因，特别是难以准确判断涨跌停等制度因素对股市波动率的影响。Harris（1998）指出，由于研究者无法完美地模拟出一个基本面相同、制度相同、但不实施涨跌停的市场作为研究和比较的基准，因此很难断定涨跌停对金融市场的真实影响是什么。为了解决这个问题，Kim 和 Rhee（1997）曾利用东京市场交易数据，将接近涨跌停的股票作为基准组，将已经涨跌停的股票作为研究组，对比两组股票达到涨跌停限制之后，在未来交易日其波动方向、收益波动率以及交易量规模；其实证结果发现，实施涨跌停制度确实延迟价格发现、加剧波动和干扰交易。这种方法虽然在一定程度上反映了涨跌停制度对股票价格波动和走势的影响，但仍存在较为明显的缺陷。Kim 和 Yang（2013）此后的研究指出，在实施涨跌停制度的市场中，那些没有达到涨跌停阈值的股票本身价格走势也受涨跌停交易制度的影响，因此并不适合充当基准组；此外，股价走势更大程度上是受经济基本面的影响，这也会在一定程度上导致对比验证出现偏差。

　　以中国股市为例，Kim 和 Yang（2013）将研究分为两个阶段：1992—1996 年的无涨跌停限制阶段（No-PL Regime）和 1996 年之后的实施涨跌停阶段（PL Regime）。通过选取没有实施涨跌停制度时涨幅达到 10% 的股票作为基准组，实施涨跌停之后达到涨跌阈值的股票作为研究组进行对比分析，他们发现实施涨跌停有助于股票价格快速回归均衡，从而缓解价格波动风险；实施涨跌停之后，中国股市更快地从股灾中恢复正常。这种对比涨跌停制度实施前后股市波动差异的研究方法确实在某种程度上解决了基准组和研究组的选取问题。但是，实施涨跌停制度前后属于不同时期，影响股市的经济基本面、交易制度和规则、投资者结构和行为等因素也发生了显著的变化。众所周知，1992—1996 年的中国股市刚刚开始运行，由于各方面制度都不够健全，股市自身波动极大，因此很难将两个或多个市场波动差异完全归结为涨跌停制度的影响。

总之，由于研究方法和样本的局限性，关于涨跌停制度的作用仍存在争议。事实上，除了涨跌停制度之外，关于融资融券和股指期货的实施效果也没有达成一致的认识。因此，后续研究如果要进一步探讨涨跌停制度对稳定市场的作用，关键是在研究方法特别是样本选取上进行突破。这也是本节选取 AH 股进行对比分析的动因。

**2. 研究框架与基本假设**

本节的研究主题包括三个方面：一是考察涨跌停制度对整个股市和个股股价波动率究竟有何影响；二是以存在涨跌停制度的 A 股市场为基础，考察在引入融资融券、股指期货等金融创新交易之后，股价波动率将发生何种变化；三是探究在实施涨跌停制度的股市中，投资者结构与市场波动率之间是什么关系。图 5-1 给出了这三个问题的关系及相互影响机制。

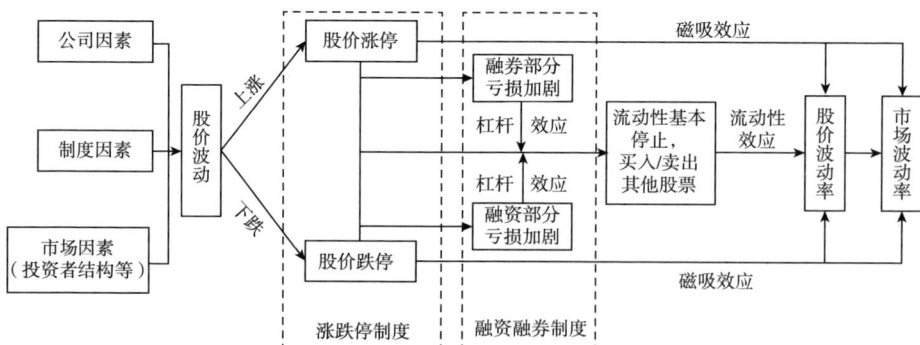

**图 5-1　涨跌停、融资融券影响个股股价和市场波动率的机制**

与熔断机制相类似，涨跌停制度也存在"磁吸效应"，即当交易存在价格涨跌停限制时，出于追求高利润或者避免损失的意愿，股价越接近交易

上下限，越会吸引投资者的关注，因而加速价格向上下限的移动
（Chen，1997；Hsieh 等，2007）。进一步的研究显示，涨跌停制度产生的磁
吸效应在以散户为主的市场中表现更加明显（Wong 等，2006）。因为散户
投资者掌握市场信息的渠道有限，且对短期收益损失更加敏感，所以会出
现"追涨杀跌"等非理性投资，以及盲目跟随的"羊群效应"（Christie 和
Huang，1995）。这就进一步加大了涨跌停制度对股票定价的影响，也急剧
改变市场流动性，导致股价波动的加剧。Seasholes 和 Wu（2007）对中国沪
市涨停板事件的研究证实了所谓"涨停敢死队"现象，即涨停事件吸引个
人投资者的关注，使得主动交易的个人投资者购买之前没有建仓的股票；
聪明交易者在 T 日买进，T+1 日卖出，日收益率可达 1.16%，但相关股价
一周内显著向均值回调。AH 股是同一家公司在两个市场分别上市，经营业
绩等公司层面因素对其价格波动的影响应基本一致，在考察股价波动时可以
忽略；在把市场波动等作为控制因素后，两个市场股价波动率的差异基本可
以反映交易者行为特征以及交易制度的影响。据此，我们给出假设 1（H_1）。

　　H_1：涨跌停制度难以稳定股价，其与股价波动率正向相关。

　　现代金融产品创新的重要目标是增加流动性，提高资产定价效率，建
立有效市场。融资融券制度的出现便是通过信用交易，增加市场流动
性，以提高资产定价效率的方式（Boehmer 和 Wu，2013）。多数理论分析认
为，股指期货和融资融券制度不仅通过信用交易扩大市场交易规模，充实
流动性；也为市场投资者提供了利用正负两方面信息进行股票交易的途
径，因此有助于提高市场定价效率。李科等（2014）的研究表明，卖空限
制导致了股价高估，融资融券制度等做空机制有助于矫正高估的股价，提
高市场定价效率；陈海强、范云菲（2015）以 2010 年 3 月 31 日至 2012 年
12 月 31 日为事件后窗口期，考察了融资融券制度对中国股市波动率的影
响，认为融资融券制度的推出有效降低了标的个股的波动率；陈晖丽、刘
峰（2014）则发现，融资融券虽然具有一定的公司治理效应，但其发挥有
赖于外部市场环境的建设。

　　但是，上述研究对融资融券效果的考察存在样本期偏短的问题，因此
难以真正揭示其实践效果，特别是上述研究的时间范围都没有覆盖 2015 年
的市场剧烈波动。国外文献的实证研究显示，卖空机制对股价波动率影响

的三种情形，即加剧波动、降低波动和对波动率没有显著影响都可能出现。我们认为，从较长期看，在实施涨跌停制度的市场引入杠杆交易，可能会加剧个股股价波动。一方面，在引入杠杆交易之后形成了"杠杆效应"，市场交易规模和非理性信息被进一步放大，此时设置价格限制可能导致更加明显的"磁吸效应"，加速股价达到上下限，加快流动性枯竭；另一方面，在涨跌停制度下，使用杠杆交易可能加剧市场交易者情绪波动，导致市场和股价剧烈波动。可以想象得到，当股票价格下跌至接近 10% 时，投资者要保持流动性，只能卖出其他未跌停的股票，这反过来又进一步加剧了其他股票的价格波动，这一机制可以理解为涨跌停和融资融券制度共同作用下的"流动性效应"。为此，我们给出假设 2（$H_2$）。

$H_2$：对于实施涨跌停的 A 股市场来说，融资融券制度会加剧股价波动。

按照上述假设，实施涨跌停的股市中股价的个体波动率更高，主要原因是当市场供求关系变化时，交易制度因素使得价格不能立即调整到位，信息没有得到有效传播，加剧市场交易者情绪波动，导致"非理性"交易增加，并进一步限制流动性。传统研究大都认为，这主要是机构投资者占比偏低而散户交易者占比偏高引起的。因为散户普遍存在着"追涨杀跌""羊群效应"等交易行为，与机构投资者相比"非理性"成分更多。从美国等成熟市场经验看，当机构投资者比例增加之后，市场波动率的确会随之下降。这主要源于机构投资者专业知识更丰富，能更加敏锐地感知市场信息；同时，成熟股市还有多种金融创新工具可以进行风险转嫁与规避。

但是，这一判断在中国 A 股市场上可能并不准确。我们认为，由于散户交易者持股规模较小，"串谋"的可能性极小，基本上只能成为市场跟随者，而不可能成为市场交易的引导者。因此，探究散户信息来源以及散户交易行为背后的引导者是更有政策意义的做法。在当前的 A 股市场上，大户投资者（包括机构投资者）可以平滑市场风险的方法和工具并不充足，这导致中国内地股市的大户投资战略趋同，主要依靠仓位控制风险，其行为特征与散户有相似之处，也具有非理性的特征。由于掌握资金量较大，大户的交易行为更容易被市场捕捉和识别，成为散户跟风的主要依据。简单来说，散户"羊群效应"的"头羊"不是散户而是大户，其背后的信息来源可能是大户的"非理性"交易或者"有意识"的操控。特别是在实施股指期货等杠杆交易之后，大户"非理性"交易的作用被放大，导致市场波动加剧。对此，我们提出假设 3（$H_3$）。

$H_3$：在现阶段的 A 股市场上，大户占比与市场波动率表现为正向相关。

## 5.2.2　研究设计及数据说明

本节实证研究涉及四项内容：一是对存在涨跌停限制和不存在该制度的国家或地区的股市波动率进行直观比较，初步判断涨跌停制度是否能够起到降低股市波动率的作用；二是引入 AH 股对比后的微观分析，论证涨跌停对个股股价波动率的影响；三是引入融资融券制度后的进一步讨论；四是分析投资者结构对市场波动的影响机制。关于政策分析，当前较为普遍的方法是双重差分法（DID）和面板数据模型。前者要求数据来自对所研究总体不同时点的随机抽样，并且假设随机观测点独立同分布；后者对观测点没有严格的独立同分布要求。从本节的数据条件出发，我们将基于面板数据模型进行实证分析。

### 1. 涨跌停制度与股市波动率的直观比较

中国当前实施的涨跌停制度始于 1996 年 12 月，因此本节选取 1997 年 1 月 1 日至 2016 年 8 月 31 日这个时间段，基于中国上证综合指数（Shanghai Stock Exchange Composite Index，SSEC）、美国道琼斯指数（Dow Jones Industrial Average，DJIA）、中国香港恒生指数（Hang Seng Index，HSI）和中国台湾加权指数（Taipei weighted index，TWII）的每日收盘价计算收益率，而后对四个市场收益波动率进行对比。这样选择的原因在于，美国、中国香港股市没有实施涨跌停制度，且交易制度相对完善，可作为成熟市场的代表；中国台湾股市比中国大陆股市实施波幅更小的涨跌停制度，可以共同作为另一类代表。中国台湾地区于 20 世纪 50 年代引入涨跌停制度，其后对涨跌停的幅度逐步放开①。如果该制度能够稳定股市，那么中国台湾股市应该比大陆股市更加稳定。

---

① 1979 年 1 月—1987 年 10 月，中国台湾股市涨跌停幅度为 3%，1988 年 11 月提高到 5%，1989 年 10 月提高到 7%。2015 年，台湾"金融监督管理委员会"称将提高涨跌停幅度至 10%。台湾证券交易所网站设置专门的"放宽涨跌幅度专区"，指出股票价格主要取决于公司价值和买卖双方的认知，现如今的市场逐渐成熟，需要重新认识涨跌停制度的作用。

为此，我们首先计算四只股票指数的收益率时间序列。式（5-1）中，$y_t^i$ 为第 $i$ 个指数在 $t$ 个交易日的收益率；$p_t^i$ 是第 $i$ 个指数在第 $t$ 个交易日的收盘价。

$$y_t^i = 100 \times (\ln p_{t+1}^i - \ln p_t^i) \tag{5-1}$$

**2. 基于 AH 股的股价波动率影响因素**

基于 EGARCH 模型进行的不同股票市场波动率的对比，只能从直观上初步探讨涨跌停制度对股市波动率的影响。事实上，这样的研究在方法上并没有突破前期研究的局限。不同国家或地区的金融市场在交易制度、宏观环境、交易者行为等方面均存在差异，即便是中国 A 股市场，在实施涨跌停制度前后其运行状况也不尽相同。因此，上述研究并没有解决 Harris（1998）提出的完美基准组的选择问题。幸运的是，AH 股为研究这个问题提供了自然实验的视角，由此可以从探求股市波动的微观基础——个股股价波动率的角度研究涨跌停的真实影响。

AH 股是指同一家公司既在中国内地上市，也在香港市场上市。本节选取鞍钢股份等 88 只[①]在 A 股和 H 股市场同时上市的股票，计算其自 2005 年 1 月—2016 年 8 月的个股股价波动率（Volatility）作为被解释变量。股价波动率是通过计算个股日收益率的标准差，并对月内波动率进行平均所得（谭松涛等，2014）。我们选取沪深 300 指数月度波动率（market_a）、恒生指数月度波动率（market_h）作为市场因素解释变量。由于缺乏个股月度交易者结构数据，我们通过其他变量来描述投资者行为对股价个体波动率的影响。以散户为主的市场交易行为的主要特征是高换手率和对风险偏好的差异。所以，本节选取个股在两个市场的交易换手率（turnover）、A 股溢价率（premium）作为衡量交易者行为特征的解释变量。选取虚拟变量涨跌停制度（limit）作为衡量交易制度的解释变量，之后进行分步回归。具体模型如下：

$$Volatility_{it} = \alpha_0 + \alpha_1 market_{it} + \alpha_2 turnover_{it} + \alpha_3 premium_{it} + \delta \lim_{it} + \varepsilon_{it} \tag{5-2}$$

对上述方程的估计方法包括固定效应估计、随机效应估计和一阶差分

---

① 截至 2016 年 8 月，AH 股共 90 只，本节剔除了上市时间过短的东方证券和光大证券。

估计等。随机效应对控制变量和解释变量之间的关系提出了更高的要求，即它们相互之间没有任何关系，但在固定效应假设下，则不存在这一要求。此外，固定效应估计与一阶差分估计在处理非观测效应方面是相似的，而且两者都是无偏的，至少是一致的（Wooldridge，2002）。因此，从本节样本的数据特点出发，后续研究中我们将采用固定效应模型进行估计。

**3. 引入融资融券制度后的进一步讨论**

2006 年 6 月 30 日，中国证监会发布《证券公司融资融券业务试点管理办法》；2006 年 8 月 21 日，沪深交易所发布《融资融券交易试点实施细则》；2008 年 4 月 23 日，国务院正式出台《证券公司监督管理条例》；2008 年 10 月 5 日，中国证监会宣布启动融资融券试点。实施融资融券的目的是提高市场定价能力，为反方向交易提供便利。当市场价格偏离价值时，融资融券制度可以通过融资的买入和融券的卖出促使股票价格趋于合理。同时，融资融券可以改变单边市场交易，为交易者提供投资避险的工具。但毫无疑问，融资融券制度也对市场流动性以及交易的连续性提出了更高要求。

2010 年起，中国股市开始启动融资融券制度。2010 年 3 月底，融资融券开始试点，起初仅包含几十家券商类股票，并没有全面推开。2014 年 9 月，融资融券实施第四次扩容，共增加 205 只标的股，占总标的股的 23%。2014 年 9—12 月，融资盘开始出现暴增，至 12 月 19 日融资盘突破 1 万亿关口，较 2014 年 8 月底翻一番。为了分析在杠杆交易规模突然加大的条件下，实施涨跌停制度的中国 A 股市场中个股股价波动率的变化，本节仍选取 2010 年 4 月—2016 年 8 月鞍钢股份等 74 只作为融资融券标的股的 AH 股，计算其价格波动率（volatility）以及 AH 股在两个市场的股价波动率差异（vola_diff）作为被解释变量。选取个股换手率（turnover）、A 股溢价率（premium）、市盈率（pe）以及融资融券规模（martra）作为解释变量，进行分步回归。具体模型如下：

$$Volatility_{it} = \varphi_0 + \varphi_1 turnover_{it} + \varphi_2 premium_{it} + \varphi_3 pe + \varphi_4 martra_{it} + \varepsilon_{it}$$

$$Vola\_diff_{it} = \varphi_0 + \varphi_1 turnover_{it} + \varphi_2 premium_{it} + \varphi_3 pe + \varphi_4 martra_{it} + \varepsilon_{it}$$

$$(5-3a)$$

为进一步验证融资和融券两种不同方式对股价波动率的不同影响，本部分将融资（martra1）和融券（martra2）分开，作为不同的解释变量进行回归。同时，为了验证回归的稳健性，我们选取股指期货（future）代替融资融券作为解释变量。分析引入杠杆交易之后，实施涨跌停制度的 A 股市场的股价波动率以及两个市场股价波动率差异变化。具体模型如下：

$$Volatility_{it} = \varphi_0 + \varphi_1 turnover_{it} + \varphi_2 premium_{it} + \varphi_3 pe + \varphi_4 martra1_{it}$$
$$+ \varphi_5 martra2\varepsilon_{it} + \varepsilon_{it}$$

$$Volatility_{it} = \lambda_0 + \lambda_1 turnover_{it} + \lambda_2 premium_{it} + \lambda_3 pe + \lambda_5 future_{it} + \varepsilon_{it}$$

$$Vola\_diff_{it} = \varphi_0 + \varphi_1 turnover_{it} + \varphi_2 premium_{it} + \varphi_3 pe$$
$$+ \varphi_4 martra1_{it} + \varphi_5 martra2\varepsilon_{it} + \varepsilon_{it}$$

$$Vola\_diff_{it} = \lambda_0 + \lambda_1 turnover_{it} + \lambda_2 premium_{it} + \lambda_3 pe + \lambda_5 future_{it} + \varepsilon_{it}$$

$$(5-3b)$$

**4. A 股市场交易者结构对股市波动率的影响**

由于缺乏 AH 股个股月度交易者结构数据，本部分将研究视角回到整个市场的波动率进行分析。鉴于个股股价波动情况是整个市场波动率的微观基础，因此这种选择在逻辑上是一致的。本节选取 2005 年 1 月—2016 年 8 月上证指数波动率（market_s）作为被解释变量，选取上证市场成交量（trade_s）、市场平均市盈率（ttm）、恒生 A 股溢价（premium_s）、投资者结构（inst）进行回归，以确定投资者结构对股市波动率的影响。投资者结构分为大户占比（inst$_1$）和散户占比（inst$_2$），其中大户为持有流通股市值超过 50 万元的投资者，散户为持有流通股市值小于 10 万元的投资者，占比为相应投资者占流通股的比重。

根据上述分析，在引入杠杆交易的条件下，由于交易规模被放大，市场对流动性的要求也更高，此时验证交易者结构和行为对市场波动率的影响更为重要。为此，我们选取 2010 年 3 月—2016 年 8 月上证月度累计融资融券余额（martra_s）、月度累计融资额（martra$_1$_s）以及月度累计融券额（martra$_2$_s）作为解释变量，进行回归分析。具体模型如下：

$$marker\_s_t = \mu_0 + \mu_1 inst_t + \mu_2 trade\_s_t + \mu_3 ttm_t + \mu_4 premium\_s_t + \varepsilon_t$$

$$marker\_s_t = \mu_0 + \mu_1 inst_t + \mu_2 trade\_s_t + \mu_3 ttm_t + \mu_4 premium\_s_t + \mu_5 martra\_s_t + \varepsilon_t$$

$$marker\_s_t = \mu_0 + \mu_1 inst_t + \mu_2 trade\_s_t + \mu_3 ttm_t + \mu_4 premium\_s_t$$
$$+ \mu_5 martra\_s_t + \mu_6 martra2\_s_t + \varepsilon_t \qquad (5-4)$$

**5. 变量定义及数据来源**

表 5-1 给出了本节使用的主要数据变量、名称标注以及相关解释。如

无另外说明，相关变量数据均来自万得数据库（Wind）。描述性统计（限于篇幅，结果从略）表明，AH 股在 A 股市场的平均股价波动率均值和方差都明显高于 H 股市场。同时，A 股市场个股还具有高换手率、高溢价率的特征；沪深 300 指数和上证综合指数月度波动率也显著高于恒生指数。

表 5-1　变量类别、名称及含义

| 类别 | 名称 | 含义 |
|---|---|---|
| 股价波动率<br>（volatility） | volatility_a | AH 股在 A 股市场的股价波动率 |
| | volatility_h | AH 股在 H 股市场的股价波动率 |
| | vola_diff | AH 股在两个市场波动率的差异（A-H） |
| 市场波动率<br>（market） | market_a | 沪深 300 指数月度波动率 |
| | market_h | 恒生指数月度波动率 |
| | market_s | 上证综合指数波动率 |
| 涨跌停制度 | limit | A 股市场取 1；H 股市场取 0 |
| 融资融券<br>（martra） | martra | 个股融资融券余额（万元） |
| | $martra_1$ | 个股融资买入额（万元） |
| | $martra_2$ | 个股融券卖出量（万股） |
| | martra_s | A 股累计融资融券余额（万元） |
| | $martra_1\_s$ | A 股累计融资买入额（万元） |
| | $martra_2\_s$ | A 股累计融券卖出量（万股） |
| 股指期货 | future | 沪深 300 期货指数成交量（手） |
| 市场特征 | turnover_a | AH 股在 A 股市场的交易换手率（%） |
| | turnover_h | AH 股在 H 股市场的交易换手率（%） |
| | premium | AH 股个股溢价率（%） |
| | pe | 个股市盈率（%） |
| | trade_s | 上证市场成交量（亿股） |
| | premium_s | 恒生 A 股溢价（%） |
| | turnover | 上证市场换手率（%） |
| | ttm | 上证 A 股平均市盈率（%） |
| 投资者结构<br>（inst） | $inst_1$ | 大户比例（%） |
| | $inst_2$ | 散户比例（%） |

注：1. 波动率为月度价格平均波动率，使用日收益率的标准差度量。

　　2. 融资融券累计值根据每日数据计算月度累计值。

### 5.2.3 实证结果及分析

**1. 基于不同股票市场波动率差异的直观比较**

首先，我们根据式（5-1）计算出美国道琼斯指数、中国香港恒生指数、中国上证指数以及中国台湾加权指数的日收益率进行对比分析。图5-2至图5-9分别描绘了四个股票指数收益率的基本波动情况以及t分布图。可以初步看出，实施涨跌停制度的上证指数和中国台湾加权指数并没有表现出更加稳定的特征。反观美国和中国香港市场，除1997年亚洲金融危机和2008年国际金融危机时期以外，在大部分交易时间内其收益波动率反而更低。

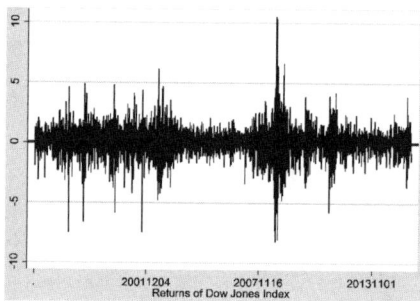

图5-2　美国道琼斯指数收益率波动情况

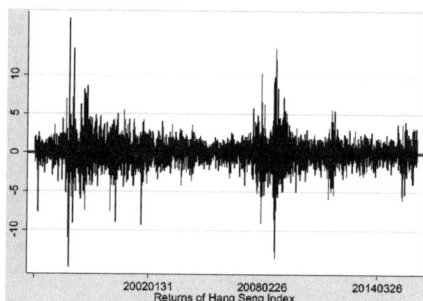

图5-3　中国香港恒生指数收益率波动情况

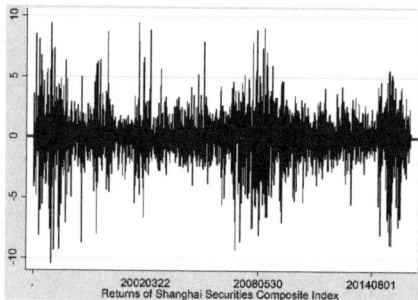

图5-4　上证指数收益率波动情况

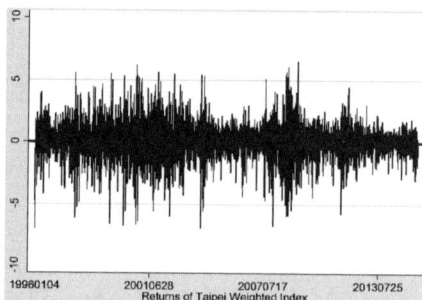

图5-5　中国台湾加权指数收益率波动情况

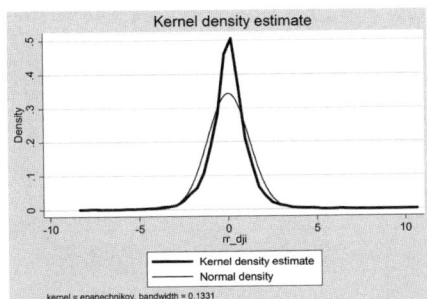

图 5-6 美国道琼斯指数收益率 t 分布图

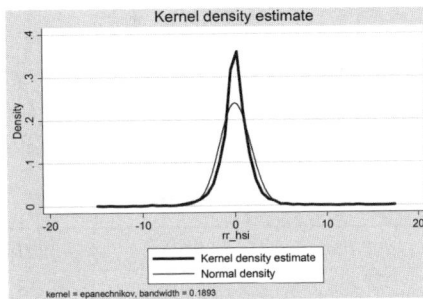

图 5-7 中国香港恒生指数收益率 t 分布图

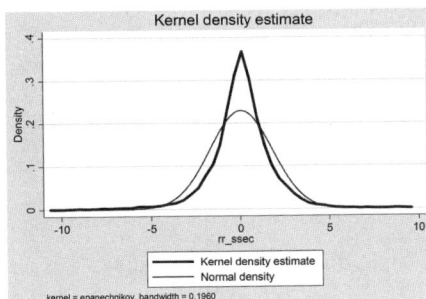

图 5-8 上证指数收益率 t 分布图

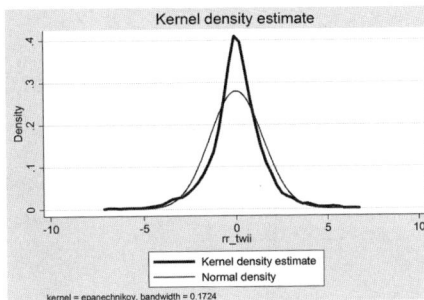

图 5-9 中国台湾加权指数收益率 t 分布图

从图 5-6 至图 5-9 来看，四个股票市场都具有尖峰厚尾、波动丛聚的特征，且具有高阶自回归条件异方差（Autoregressive Conditional Heteroskedasticity，ARCH）效应，EGARCH 模型可以较好地分析其价格收益波动情况。据此，将模型设置如下。

均值方程：$y_t = \gamma x_t + u_t$ (5-5)

条件方差：$\ln(\sigma_t^2) = \omega + \alpha \left| \dfrac{u_{t-1}}{\sigma_{t-1}} \right| + \gamma \dfrac{u_{t-1}}{\sigma_{t-1}} + \beta \ln(\sigma_{t-1}^2)$ (5-6)

根据检验结果（表 5-2），可以初步得出如下结论：（1）上证 $\gamma$ 值为负值，说明利空消息对收益波动率的影响更大，即在股市下跌周期的波动率更高。这个趋势与美股、港股和中国台湾股市相似，从系数值看，利空信息对中国股市波动率的影响程度低于其他三个市场。（2）从 $\alpha$ 值来看，中国股市波动率对利好（或利空）信息的敏感度仍然高于其他三个市场。（3）

从 β 值看，与美国股市相比，中国股市消化冲击的时间更长。（4）在没有利空或者利好消息的冲击下，中国股市自身波动率高于其他三个市场。总之，实施涨跌停制度的中国内地股市和中国台湾股市，其波动率并没有比不实施涨跌停制度的美股和港股市场更低。

表 5-2    1997—2016 年四个市场波动率比较

| 参数 | 美国 | 中国香港 | 中国上证 | 中国台湾 |
|------|------|----------|----------|----------|
| 常数项 | 0.019<br>(1.64) | 0.022<br>(1.31) | 0.018<br>(0.99) | 0.023<br>(1.47) |
| ARCH | — | — | — | |
| γ | -0.128***<br>(-21.66) | -0.064***<br>(-12.23) | -0.017***<br>(-3.78) | -0.057***<br>(-10.86) |
| α | 0.135***<br>(13.03) | 0.143***<br>(15.15) | 0.188***<br>(25.69) | 0.148***<br>(17.33) |
| β | 0.978***<br>(522.82) | 0.984***<br>(545.23) | 0.984***<br>(569.48) | 0.985***<br>(497.08) |
| ω | 0.00193<br>(0.92) | 0.015***<br>(8.50) | 0.025***<br>(12.26) | 0.012***<br>(7.80) |

注：括号内为 t 值，***、** 和 * 分别表示在 1%、5% 和 10% 的水平上显著。

### 2. 基于 AH 股的股价波动率影响因素

从基于 AH 股的微观分析来看，需要验证中国 A 股市场的个股股价高波动率与实施涨跌停制度有显著的正相关关系（见表 5-3）。（1）我们用沪深300 指数和恒生指数波动率来衡量市场波动率，并将市场波动率和作为虚拟变量的涨跌停制度作为解释变量，考察其对 AH 股个股股价波动率的影响。模型 1① 的结果证明，在考虑市场因素的条件下，个股股价波动率与实施涨跌停制度有显著的正相关关系。（2）导致股价个体波动率的因素比较复杂，除了共性的公司经营业绩等基本面因素（AH 股可以忽略）之外，还可能与两个市场交易者的行为有关。我们将个股换手率、个股 A 股溢价率以及涨跌停制度纳入分析框架，模型 2 的结果仍支持上述结论。（3）我们将

① 注：式（5-2）对应模型 1~3；式（5-3a）对应模型 4~6；式（5-3b）对应模型 7~9；式（5-4）对应模型 10-15，下同。

反映交易者行为的换手率因素，涨跌停制度与市场波动率放到同一框架进行回归①，模型 3 的结果表明上述结论依然成立。

通过这个检验，加之第一部分直观验证的结论，我们基本验证了假设 1，即涨跌停制度与波动率是正相关的。实施涨跌停制度的 A 股市场，不仅表现出整体"高波动"的特征，个股股价波动率也明显高于同一家公司在 H 股市场的波动率。此外还能发现，换手率和 A 股溢价对股价波动率具有显著的正向影响，这验证了高流动性和对短期收益的敏感确实会提高 A 股的波动率。对于市场收益波动率与个股股价波动率之间显著的负相关影响，或与选取的 AH 股样本有关。因为大部分 AH 股属于大盘权重股，在市场剧烈波动的时期，政策干预方法之一就是稳定大盘股股价，这导致了负相关关系的出现。

表 5-3　AH 股股价波动率的影响因素

| 变量 | 模型 1 | 模型 2 | 模型 3 |
|---|---|---|---|
| turnover | | 0.004*** | 0.005*** |
| | | (7.51) | (7.30) |
| premium | | 0.001*** | |
| | | (4.09) | |
| limit | 0.258*** | 0.155** | 0.161** |
| | (3.29) | (2.06) | (2.17) |
| market | -0.003*** | | -0.006*** |
| | (-2.95) | | (-4.77) |
| Constant | 0.412*** | 0.291*** | 0.349*** |
| | (8.62) | (6.55) | (7.40) |
| Observations | 20062 | 17089 | 19608 |
| Overall_$R_2$ | 0.0162 | 0.0127 | 0.0388 |

注：所有回归模型均为固定效应回归，括号内为回归 t 值，***、** 和 * 分别代表在 1%、5% 和 10% 的水平上显著，下同。

### 3. 引入融资融券交易后的进一步分析

实施涨跌停制度并没有实现稳定股价的作用，应该说这与实施涨跌停

① 由于 A 股溢价与整个市场的波动率存在相关性，因此在模型 3 的回归中剔除了 A 股溢价因素。

制度的初衷是相违背的。更加值得关注的是，为了实现对冲目的而引入融资融券后，实施涨跌停制度的 A 股市场的个股股价波动率，以及 AH 股在两个市场的波动率差异（vola_diff）与融资融券也表现出正相关关系（见表5-4）。（1）基于 2010 年 3 月—2016 年 8 月的数据，模型 4 和模型 7 的结果表明，个股融资融券余额与个股股价波动率、AH 股波动率差异之间表现出显著的正相关关系，说明在实施涨跌停制度的市场，引入融资融券加剧了个股股价波动率。（2）从模型 5 和模型 8 结果看，将融资制度与融券制度分开后，可以发现融资规模与个股波动率、AH 股波动率差异之间有明显的正相关关系，但是融券规模与这两者之间没有显著的正相关关系。这说明融券制度（卖空机制）的作用在 A 股市场还没有得到充分发挥。中国股市自引入融资融券制度以来，一直存在"多空不平衡"的问题：一是融券占融资融券余额的比例过低，长期维持在 1% 左右；二是与融资相比，融券手续更加复杂、途径更少、成本更高。这就导致市场悲观投资者的对冲手段受限，特别是在市场下跌行情中，由于大量股票跌停和紧急停牌，市场流动性迅速减少，做空机制缺乏使得极端行情下的投资者没有相应的规避风险手段。这一结果还意味着，我们应正确看待做空机制的功能与作用，均衡发展融资制度和融券制度，为稳定股票市场提供保障。（3）为了验证卖空机制与股价波动率、股价波动差异之间关系的稳健性，我们选取股指期货交易量替代融资融券作为解释变量。模型 6 和模型 9 的结果显示，在实施涨跌停的 A 股市场，股指期货交易规模与股价波动率、AH 股波动率差异依然显著正相关。至此，我们验证了研究假设 2 的结论，即在实施涨跌停制度的市场，引入杠杆交易会提高个股股价波动率。特别是在买空卖空交易不平衡的情况下，市场交易量被进一步放大，涨跌停的"磁吸效应"更加明显，市场可能会更不稳定。此外，在引入杠杆交易之后，A 股市场高换手率以及 A 股溢价依然是 A 股市场股价波动率较高的重要原因。

表 5-4　引入融资融券和股指期货后的实证分析

| 变量 | 股价波动率 | | | | 股价波动差异 | |
|---|---|---|---|---|---|---|
| | 模型 4 | 模型 5 | 模型 6 | 模型 7 | 模型 8 | 模型 9 |
| turnover | 0.006*** | 0.006*** | 0.003*** | 0.003*** | 0.003*** | 0.002*** |
| | (3.35) | (2.85) | (2.92) | (3.31) | (2.69) | (3.32) |

续表

| 变量 | 股价波动率 | | | | 股价波动差异 | |
|---|---|---|---|---|---|---|
| | 模型 4 | 模型 5 | 模型 6 | 模型 7 | 模型 8 | 模型 9 |
| premium | 0.003 *** | 0.002 *** | 0.003 *** | 0.002 *** | 0.002 *** | 0.002 *** |
| | (3.83) | (3.06) | (4.63) | (5.78) | (5.33) | (6.50) |
| pe | 0.000 | −0.000 | 0.000 * | 0.000 | −0.000 | −0.000 |
| | (0.66) | (−1.47) | (1.78) | (0.34) | (−1.24) | (−0.82) |
| $martra_1$ | | 0.081 *** | | | 0.070 *** | |
| | | (3.55) | | | (4.65) | |
| $martra_2$ | | −0.006 | | | −0.010 | |
| | | (−0.35) | | | (−0.80) | |
| martra | 0.039 ** | | | 0.045 *** | | |
| | (2.10) | | | (4.71) | | |
| future | | | 0.089 *** | | | 0.053 *** |
| | | | (5.55) | | | (6.53) |
| Constant | −0.169 | −0.540 ** | −1.112 *** | −0.528 *** | −0.732 *** | −0.882 *** |
| | (−0.97) | (−2.41) | (−4.84) | (−5.59) | (−5.50) | (−6.86) |
| Observations | 3883 | 3577 | 4981 | 3883 | 3577 | 4981 |
| Overall_$R_2$ | 0.0531 | 0.0800 | 0.067 | 0.0744 | 0.1002 | 0.0603 |

**4. 投资者结构与市场波动率的关系**

如前所述，涨跌停制度既没有起到整体稳定市场的作用，也没有实现降低个股股价波动率的效果。按传统观点，这可能与中国内地市场主要由散户组成有关。与熔断机制类似，涨跌停制度也是依靠暂时停止交易，让交易者冷静看待价格变化，给交易信息有效传播提供充分的时间，从而稳定市场预期。不过，散户交易者专业知识有限，更加关注短期利益，盲目跟随、"追涨杀跌"等行为特征，导致涨跌停制度的功能无法有效发挥。因此有不少研究提出，应增加机构投资者的数量来完善市场（祁斌等，2006）。但与成熟金融市场相比，中国内地股市创新型交易工具不足，大户（以及机构投资者）行为特征与散户有相似之处。更加重要的是，我们需要认真研究散户行为"非理性交易"背后的行为特征是什么。表 5-5 的结果表明：（1）基于 2005 年 1 月—2016 年 8 月数据，如果不考虑杠杆交易的因素，模型 10 和模型 11 结果显示，仅通过市场成交量、市盈率等基本面信息和交易者结构来分析股市波动率，那么交易量、市盈率与 A 股溢价等基本面信息可以较好地解释市场波动率；同时，大户占比与市场波动率有显著的正相关关系。（2）在引入融资融券交易之后，这个相关关系发生了显著的变化。模型 12 和模型 13 结果显示，基于 2010 年 3 月—2016 年 8 月数据，上证市场波动率与大户占比以及散户占比均有显著的正相关关系，但是大户的影响作用更加明显。同时，融资融券机制的引入显著提高了市场波动率，这也进一步印证了上述对个股股价波动的研究结论。（3）模型 14 和模型 15 结果显示，如果将融资和融券机制做区分，大户占比依然与市场波动率有显著的正相关关系，且影响程度依然高于散户的作用。同时，融资机制会加剧市场波动，但是融券机制与市场波动率没有显著相关关系。这进一步验证了无论是对个股还是整个市场，中国股市的做空机制还没有得到较为充分的运用。

需要说明的是，虽然实证结果表明无论是否引入杠杆交易，大户都是市场波动的主要诱因，但是这并不必然意味着"发展机构投资者"是一个错误的方向。我们猜测，在 A 股市场上，投资者结构与市场波动率之间或许存在着一个拐点，即伴随着各类金融交易避险工具的日益丰富和多元化，当市场上的机构投资者或大户占比到达某个临界点之后，就有可能革除其"被动"的"散户化"行为，进而的确能够如经典文献所描述的那样发挥稳定市场的作用。

表5-5　投资者结构与上证指数波动率的关系

| 变量 | 模型 10 | 模型 11 | 模型 12 | 模型 13 | 模型 14 | 模型 15 |
|---|---|---|---|---|---|---|
| trade | 28.550 *** (4.36) | 45.049 *** (10.46) | 1.811 (0.43) | 7.098 * (1.92) | 1.870 (0.44) | 5.426 (1.52) |
| ttm | 4.248 *** (10.31) | 3.889 *** (10.37) | 6.051 *** (7.74) | 7.582 *** (12.84) | 6.038 *** (7.84) | 8.069 *** (10.66) |
| premium | 0.366 * (1.94) | 0.542 *** (2.71) | 0.251 * (1.90) | 0.348 *** (2.65) | 0.251 ** (2.11) | 0.406 *** (3.25) |

续表

| 变量 | 模型 10 | 模型 11 | 模型 12 | 模型 13 | 模型 14 | 模型 15 |
|---|---|---|---|---|---|---|
| $inst_1$ | 10.397*** | | 10.332*** | | 10.358*** | |
| | (4.12) | | (2.99) | | (3.10) | |
| $inst_2$ | | −0.085 | | 2.020** | | 2.107** |
| | | (−0.07) | | (2.25) | | (2.49) |
| martra_s | | | 0.001* | 0.002*** | | |
| | | | (1.71) | (7.07) | | |
| $martra_1$_s | | | | | 0.001* | 0.001*** |
| | | | | | (1.83) | (5.78) |
| $martra_2$_s | | | | | 0.005 | 0.006 |
| | | | | | (1.28) | (1.54) |
| Constant | −444.377*** | −646.869*** | −88.326 | −269.979*** | −88.913 | −268.130*** |
| | (−4.98) | (−7.85) | (−1.61) | (−4.43) | (−1.56) | (−5.12) |
| Observations | 128 | 128 | 78 | 78 | 78 | 78 |
| R−squared | 0.849 | 0.827 | 0.953 | 0.948 | 0.953 | 0.950 |

## 5.3  结论与建议

涨跌停制度在中国实施 20 多年，已融入投资者和监管当局的血液，成为一项具有"基础设施"性质的制度。人们忽视了研究这一制度的必要性，虽然大多数交易者都知道这并不是一项国际通行的制度安排。本章发现，与成熟股票市场相比，实施涨跌停制度并没有使股市整体和个股股价变得更加平稳。在实施涨跌停的 A 股市场，引入融资融券或者股指期货等金融创新交易机制之后，这些机制还加剧了市场波动而没有实现风险对冲的效果。对投资者结构的考察表明，是大户的交易行为而非散户导致了市场更为剧烈的波动，散户更大程度上只是"无罪的羔羊"。因此，涨跌停制度的历史使命已经完成，在新的经济形势和市场环境中，我们需要更加系统深入地研究资本市场交易制度之间的冲突与协调问题。

中共十八届五中全会通过的"十三五"规划建议提出，要积极培育公开透明、健康发展的资本市场，提高直接融资比重，推进资本市场双向开放。在经济新常态的环境和去杠杆的任务要求下，资本市场要比以前承担更为艰巨的任务。换言之，发展壮大股票市场的目标无须讨论，需要深入探讨的是如何实现其健康发展。当然，这是一项庞大、繁杂并且与其他方面改革相纠缠的任务，需要决策层、监管当局、投资者乃至全社会在发展理念和金融生态环境上都有更成熟的认识。基于本章研究发现，从交易制度的角度入手，我们提出如下建议。

1. 以市场化为原则，逐步稳妥地推进改革。现阶段，应认真研究和总结涨跌停制度、"T+1"交易制度、上市公司停牌制度以及指数熔断机制短暂试运行的效果和缺陷，探索构建一套更加成熟、更加稳定的管理制度；力求做到既要坚持资本市场发展的目标和方向，又能善于集思广益，从经验教训中学习提高，形成改革的合理路径；切实保持和维护市场信心，以有力措施和实际行动，引导各界形成对改革前景的乐观预期。我们建议，在市场情绪相对平稳、交易秩序比较正常的情况下，逐步取消涨跌停制度；同时，协调发展融资融券制度，探索引入更加科学合理的交易机制。

2. 注重监管协调，更好地发挥政府作用。资本市场的稳健运行绝离不开政府的有效管理，特别是在预防系统性风险方面，政府的重要作用无法替代；但是，政府也要尊重和敬畏市场规律，高度警惕和防范"越俎代庖"的行为，避免以行政管理的手段频繁干预市场。在金融市场融合联动和交易技术快速发展的环境下，应不断强化监管部门之间的协调与沟通机制，建立与现代金融市场发展相匹配的监管体制；进一步强化监管部门对上市公司信息披露的要求，提高信息的可靠性、透明度和传播效率，不断加强投资者教育和权益保护，为资本市场健康发展打下良好的基础。

3. 高度重视对大户交易者的行为监管。散户的羊群效应和追涨杀跌行为并不是来自散户本身，而是来自股价的异常波动。这种异常波动往往是由大户操纵的，散户本身并没有实力导致股价的异常波动。换言之，散户只是市场波动剧烈的土壤，大户的交易行为才是波动的诱因。因此，从短期来看，市场监管的重点应该向大户特别是向法人机构倾斜，重点监管信息披露、减持、内部操控等行为；重点管理上市公司董事、监事、高管的持股比例变动情况；重点关注个股股价的异常波动，并形成相应的干预和预警机制。

4. 严厉打击违法交易行为，建立公开、公正、公平的市场环境。马克思说过："如果有 20% 的利润，资本就会蠢蠢欲动；如果有 50% 的利润，资本就会冒险；如果有 100% 的利润，资本就敢于冒绞首的危险；如果有 300% 的利润，资本就敢于践踏人间一切的法律。"在资本市场上，操纵股价、内幕交易等行为获利巨大，但与之相应的惩罚措施却失之以宽、失之以软。乱世用重典，在资本市场混乱时更应该加大打击力度和提高惩罚标准，使各类非法交易"不敢"发生；随着市场环境的日益改善，或将达到"不能"和"不愿"发生违法交易的境界。

## 参考文献

[1] 李培. 中国住房制度改革的政策评析 [J]. 公共管理学报，2008（7）.

[2] 李嫣. 我国城镇居民住房制度：历史变迁及改进对策 [J]. 中州学刊，2007（5）.

[3] 马珺. 美国税法中的住房抵押贷款利息税前扣除：历史、现状与改革提议 [J]. 财经智库，2017（1）.

[4] 魏杰，王韧. 我国住房制度的改革路径：基于住房商品的特殊性质 [J]. 经济体制改革，2007（3）.

[5] 张斌. 房地产对税收收入的贡献 [J]. 财经智库，2016（1）.

[6] 张清勇. 中国住房保障百年：回顾与展望 [J]. 财贸经济，2014（4）.

[7] 陈晖丽，刘峰. 融资融券的治理效应研究——基于公司盈余管理的视角 [J]. 会计研究，2014（9）.

[8] 陈海强，范云菲. 融资融券交易制度对中国股市波动率的影响——基于面板数据政策评估方法的分析 [J]. 金融研究，2015（6）.

[9] 陈平，龙华. 中国股市涨跌停绩效的经验分析及政策建议 [J]. 世界经济，2003（2）.

[10] 李科，徐龙炳，朱伟骅. 卖空限制与股票错误定价——融资融券制度的证据 [J]. 经济研究，2014（10）.

［11］祁斌，黄明，陈卓思．机构投资者与股市波动率［J］．金融研究，2016（9）．

［12］清华大学国家金融研究院．完善制度设计　提升市场信心　建设长期健康稳定发展的资本市场［R］，2015．

［13］谭松涛，崔小勇，孙艳梅．媒体报道、机构交易与股价的波动性［J］．金融研究，2014（3）．

［14］吴武清，蒋勇，缪柏其，等．波动率度量模型的评价方法：拟合优度和平滑性［J］．系统工程学报，2013（2）．

［15］朱磊．当前台湾股票市场的特点分析［J］．台湾研究，2010（2）．

［16］周洪荣，吴卫星，周业安．我国 A 股市场中的波动性之谜与市场情绪［J］．上海经济研究，2012（4）．

［17］Alexopoulos, M. and Cohen, J.. "Uncertain Times, Uncertain Measures"［R］. University of Toronto, 2009.

［18］Beetsma, Roel, Giuliodori, Massimo. "The Changing Macroeconomic Response to Stock Market Volatility Shocks"［J］. *Journal of Macroeconomics*, 2012, 34 (2): 281-293.

［19］Bloom, N.. "The Impact of Uncertainty Shocks"［J］. *Econometrica*, 2009, 77 (3): 623-685.

［20］Boehmer, E., and J. Wu. Short Selling and the Price Discovery Process［J］. *Review of Financial Studies*, 2013, 26: 287-322.

［21］Bollerslev T.. Generalised Autoregressive Conditional Heteroskedasticity［J］. *Journal of Econometrics*, 1986, 31 (3): 307-327.

［22］Brennan, M. J. A Theory of Price Limits in Futures Markets［J］. *Journal of Financial Economics*, 1986 (16): 213-233.

［23］Calvet, L., Fisher A.J. and Thompson S. B.. Volatility Co-movements: A Multi-frequency Approach［J］. *Journal of Econometrics*, 2006 (131).

［24］Chan, S. H., K. A. Kim, and S. G. Rhee. Price Limit Performance: Evidence from Transactions Data and the Limit Order Book［J］. *Journal of Empirical Finance*, 2005 (12): 269-290.

[25] Chen, Yea-Mow. Price Limits and Stock Market Volatility in Taiwan [J]. *Pacific-Basin Finance Journal*, 1993 (1): 139-155.

[26] Chen Y. M.. Price Limits and Liquidity: a Five-Minute Data Analysis [J]. *Journal of Financial Studies*, 1997, 4 (3): 45-65.

[27] Chen, G. M., Kim, K. A., and Rui, O. M.. ANote on Price Limit Performance: The Case of Illiquid Stocks [J]. *Pacific-Basin Finance Journal*, 2005 (13): 81-92.

[28] Chou, P. H., M. C. Lin, and M. T. Yu. The Effectiveness of Coordinating Price Limits Across Futures and Spot Markets [J]. *Journal of Futures Markets*, 2003 (23): 577-602.

[29] Chowdhry, B. and V. Nanda. Leverage and Market Stability: The Role of Margin Rules and Price Limits [J]. *Journal of Business*, 1998 (71): 179-210.

[30] Christie, W. G. & Huang, R. D. Following the Pied Piper: Do Individual Returns Herd around the Market? [J]. *Financial Analysts Journal*, 1995, 51 (4): 31-37.

[31] Greenwald Bruce C. and Jeremy C. Stein, 1991, Transactional Risk, Market Crashes and the Role of Circuit Breakers [J]. *Journal of Business*, 1991 (64): 443-462.

[32] Hamilton, J. D. and Lin, G.. Stock Market Volatility and the Business Cycle [J]. *Journal of Applied Econometrics*, 1996 (1): 573-593.

[33] Kim K. A., Haixiao Liu and J. Jimmy Yang. "Reconsidering Price Limit Effectiveness"[J]. *Journal of Financial Research*, 2013 (36): 493-517.

[34] Kim, K. A., and S. G. Rhee. Price Limit Performance: Evidence from the Tokyo Stock Exchange [J]. *Journal of Finance*, 1997 (52): 885-901.

[35] Kim, Y. H., and J. J. Yang. What Makes Circuit Breakers Attractive to Financial Markets: A Survey [J]. *Financial Markets, Institutions, and Instruments*, 2004 (13): 109-146.

[36] Knotek I., and Khan, S.. How do Households Respond to Uncertainty

Shocks？［R］. Economic Review，Federal Reserve Bank of Kansas City，Second Quarter，2011.

［37］Kodres，L. E. and D. P. O'Brien. The Existence of Pareto-Superior Price Limits［J］. *American Economic Review*，1994（84）：919-932.

［38］Hsieh P. H.，Kim Y. H. and Y，J. J.. The Magnet Effect of Price Limits：A Logit Approach［J］. *Journal of Empirical Finance*，2009（16）：830-837.

［39］Ma，Christopher K.，Ramesh P. Rao，and R. Stephen Sears. Volatility，Price Resolution，and the Effectiveness of Price Limits［J］. *Journal of Financial Services Research*，1989（3）：165-199.

［40］Nelson D. B.. Conditional Heteroskedasticity in Asset Returns：A New Approach［J］. *Econometrica*，1991，59（2）：347-370.

［41］Samuelson P.. Proof that Properly Anticipated Prices Fluctuate Randomly［J］. *Industrial Management Review*，1965（6）：41-49.

［42］Schwert，G. W.. Why Does Stock Market Volatility Change Over Time［J］. *Journal of Finance*，1989（44）：1115-1153.

［43］Seasholes，Mark S.，Guojun Wu. Predictable Behavior，Profits，and Attention［J］. *Journal of Empirical Finance*，2007（5）：590-610.

［44］Subrahmanyam，A.. Circuit Breakers and Market Volatility：A Theoretical Perspective［J］. *Journal of Finance*，1994（49）：237-254.

［45］Wong W. K.，Matthew C. Chang，Anthony H. Tu. Are Magnet Effects Caused Uniformed Traders？Evidence from Taiwan Stock Exchange［J］. *Pacific-Basin Finance Journal*，2004，17（1）：28-40.

［46］Wooldridge，J. M.. *Econometric Analysis of Cross Section and Panel Data*［M］. MIT Press，Cambridge，2002.

# 第6章　中国价格改革40年：回顾与启示[①]

　　价格改革是中国经济体制改革的核心，对建设有中国特色社会主义市场经济体制起着举足轻重的推动作用。以价格改革作为突破口，可以快速打破僵化的计划体制，为经济建设注入活力。经过40年的不懈努力，价格改革取得巨大成就，价格形成机制改革基本完成，资源配置逐步合理，有效地促进了产业结构优化和经济可持续发展。但是，也应该看到，渐进增量的价格改革导致很多长期困扰中国经济体制改革的历史遗留问题依然没有很好地解决。随着国内外经济形势变化，很多新产生的问题和难点亟待理论创新和深化改革来解决。现阶段，总结价格改革40年的经验和教训，明确需要深化改革的领域和任务，并提出行之有效的政策建议，是当前国家经济体制改革的重要内容。

　　在中国经济体制转轨和改革开放的过程中，价格改革具有重要地位。1984年《中共中央关于经济体制改革的决定》明确指出："价格体系的改革是整个经济体制改革成败的关键。"在社会主义市场经济体制的建设过程中，价格形成机制和管理体制改革取得的成效，是中国改革开放40年来取得的伟大成就之一。但是应该看到，迄今为止，价格改革的任务仍未完成，总结其经验和教训对于推进价格改革的深化，促进经济体制改革的深入，都具有重要的意义。

## 6.1　中国价格改革的历程和重要意义

　　价格改革是中国经济体制改革的起点和突破口。由于长期实施计划经济，社会资源配置效率低下，商品有效供给不足，经济运行体制亟待改革。

---

[①]　本章的主要内容发表于《财贸经济》2018年第10期。

但是如何从纵横交织、盘根错节的、坚固的计划经济体制中找寻合适的突破口，既能达到改革的目的，又不会引起社会的动荡和混乱，是决策者面临的关键问题。实践中，财政、税收、金融、贸易以及企业治理体制等领域，都在探索对僵化体制的突破。但不论是学术争论还是官方文件，最终都选择价格改革作为经济体制改革的突破口。这不仅是农村改革取得成功带来的经验积累，也源于价格形成机制的合理化是优化资源配置、激励生产和引导消费的关键。

改革开放初期，在缺乏相应理论指导和现实借鉴的情况下，老一辈经济学家系统地研究和阐述了马克思主义政治经济学的基本概念和原理，作为价格改革的指导理论，并不断推动改革。从历史进程看，中国的价格体制改革大致可以分为四个阶段。

### 6.1.1　1978—1984 年：理论准备和小步探索阶段

最初理论研究和改革实践关注的重点是如何打破僵化的计划价格，在马克思主义政治经济学基本原理的指导下，形成有利于促进生产的理论价格。对如何建立理论价格体系的争论较为激烈，分歧主要集中在五个方面：一是理论价格的基础只包括价值，还是也应该兼顾市场供求情况（平衡价格）和政府政策需求（目标价格）；二是成本作为理论价格的组成部分，那么成本应该只包含劳动耗费和物化劳动耗费，还是也应该包括土地使用等资源要素的费用；三是盈利作为理论价格的组成部分，应按照社会平均工资盈利率、社会平均成本盈利率还是按照社会平均资金盈利率来确定盈利水平，工业品、消费品以及新产品利润确定的标准是否应该统一；四是价格与价值应该完全统一还是可以背离，如果价格和价值有所背离，那么哪些商品价格可以背离价值，是高于价值还是低于价值，幅度应如何确定；五是如何处理稳定物价和调整物价的关系，稳定物价是冻结价格还是允许合理波动（王振之、王永治、贾秀岩，1982；王振之，1985）。

由于上述问题存在较为激烈的争论，学者对马克思主义基本原理的解读也并不一致，因此价格改革工作的重点是调整价格，并以调整农产品、矿产品原材料、食品和部分副食品、工业品和交通运输价格为主。当时，国务院价格研究中心还专门成立价格理论测算小组，分别对各种形式

的理论价格进行测算。由于测算结果难以在实践中运用而束之高阁。由于
理论研究和调整价格的实践都不能很好地解决计划时期价格形成机制存在
的缺陷，价格改革的进程受到影响。当时的学者和决策者都认为，下一步
改革的重点应为对价格形成机制的变革，同时将改革的范围从农产品价格
逐步转向工业制成品和生产资料价格。

### 6.1.2　1984—1990 年：价格改革的起步阶段

工业生产资料价格改革是整个价格改革工作的难点和重点。1984 年 9
月的莫干山会议讨论中，专家学者重点讨论了城市工业生产资料价格改
革，并提出不同方案。其大致可以分为三种方式：一是在现有计划价格的
基础上，按照供求关系、价格承受力，进行价格调整，确立合理比价关系
（体系派）；二是主张调放结合，国家培育市场的价格“双轨制”（体制派）
（华生等，1988）；三是主张放开价格由市场自由形成。其中，前两种主张
成为价格改革的主流意见（王振霞，2014）。1984 年 10 月，党的十二届三
中全会决定在调整价格的同时，必须改革过分集中的价格管理体制，逐步
缩小国家统一定价的范围，适当扩大有一定幅度的浮动价格和自由价格的
范围，至此价格改革开始从调整价格向逐步放开价格转变（王振之，
1988）。

实践中，逐步确立了以“价格双轨制”为重点的渐进改革目标。“价格
双轨制”在激励生产方面的积极作用确实促进了商品供给，但是也导致了
市场秩序混乱和腐败等问题。在这一阶段，为了快速完成价格改革，1988
年曾一度出现急于求成的“价格闯关”，导致物价大幅上涨，随之不得不实
行了三年调整。随后，决策部门也尝试通过“价税财联动”等方式继续深
化改革。但是，这些尝试都没能很好地解决农产品购销价格倒挂、工业品
价格双轨导致的寻租、严重的通货膨胀、财政补贴负担重等问题，导致理
论研究开始探讨将经济体制改革的重点由价格改革转向产权改革。

实际上，就此否定价格改革的核心地位是错误的。应明确价格改革仍
然是经济体制改革的关键，难点就在于改革序列的内外配套，以及价格改
革可能导致的经济秩序混乱和社会生活动荡（张卓元、边勇壮，1987）。价
格改革的阻碍根源是当时劳动生产率低下、市场机制不健全，而不是价格

改革本身的问题。通过要素市场改革，切实提高劳动生产率，增加有效供给，则可以解决这个难题（杨圣明，1988；吴敬琏、刘吉瑞，1988）。

### 6.1.3　20世纪90年代：价格形成机制市场化改革的快速推进阶段

到了20世纪90年代，中国经济体制改革面临的国内外环境有所变化，对马克思主义政治经济学基本原理僵化的理解，导致理论对现实的解释力不断下降，亟须理论创新和马克思主义政治经济学的本土化。实践中，借鉴西方经济学中对市场机制、资源配置和宏观政策研究的研究结论，不断扩大市场定价范围，着手探索要素市场价格改革，科学制定宏观调控政策成为改革的重点。

在价格形成机制改革方面，明确供求关系和劳动生产率变化对价格形成的重要影响（吴敬琏、王育琨，1992）。进一步认识到广义价格改革的现实意义，即价格改革不仅包含一般消费品，还应包括生产资料价格、劳动力价格、资金价格、土地价格和外汇价格等。其中，作为当时最稀缺的资源，要素价格改革最重要的部分就是资金价格（利息）的改革，尽早推进利率市场化改革是重点。同时，逐步承认劳动力商品化，工资市场化（张卓元，1992）。

20世纪90年代初期，邓小平同志南方谈话发表后，经济体制改革的步伐迅速加快，价格改革也迈开大步，包括粮食在内的许多重要商品的价格也放开由市场调节。但随之而来的则是市场物价的大幅度上涨，出现严重的通货膨胀。而且，在大部分商品放开之后，理论界和政府有关部门由于对价格改革浅层及片面的理解，简单地把改革等同于放开价格，从而认为价格改革已经完成，可以刀枪入库、马放南山了，进而导致价格改革停滞不前。

与此同时，面对严重的通货膨胀，如何处理价格改革产生的风险，需要总结20世纪80年代改革的经验，找出通货膨胀（价格总水平）剧烈波动的原因，使得价格改革尽快走出困境。在对策上，将价格改革和控制物价总水平有效地结合起来，需要坚持治理整顿，采取紧缩的政策，严格控制社会总需求的生产过旺和货币供给的超前增长，把因货币供给量的增加而引发的物价自发上涨的因素严格控制在一定的范围，为改革腾出余地（张卓元，1990）。同时，实施价格补贴政策，降低居民的负担和对改革的负面影响。此外，注重价格改革与其他配套措施改革的协调，即价格改革与物资流通体制、投资体制、财政税收体制、外贸体制、工资制度和组织机构等改革相互协调（张卓元等，1988）。这一阶段的另一个重要改革成果，是制定和颁布《价格法》，从而使进一步的价格改革和对政府定价及市场价格的监管有法可依。

进入 20 世纪 90 年代以来，决策部门并没有像 80 年代一样，大刀阔斧地出台类似"价格双轨制""价税财联动改革"以及"价格闯关"等改革措施，但是长期困扰中国经济体制改革的价格形成机制问题却无声无息地得到了解决，价格领域的很多问题明显改善。中国经济体制改革的重点也从价格改革逐步过渡到财税制度、金融制度和产权制度等改革。

### 6.1.4　2000 年至今：新时期推进价格领域深水区改革阶段

经过 40 年的努力，中国价格改革取得了伟大的成就，某些领域的问题已经得到解决。2001 年 7 月 4 日公布的《国家计委和国务院有关部门定价目录》，属于政府定价的产品只保留 13 种（类），绝大部分商品实现市场化定价。从形式上看，以市场定价为主的价格形成机制已经基本确立。但是，进入新时期后，随着国内外经济环境变化，价格领域久拖未决的问题和新时期产生的新问题相互交织，导致原有价格政策不适应现实的变化，不断进行理论创新，并深化价格领域改革成为经济工作迫切需要解决的问题。

总体而言，价格改革不仅是中国经济体制改革的突破口，而且其渐进和增量的特征，也为中国经济体制全面改革积累了成功的经验。中国价格改革按照"先农产品后工业品、先消费品后生产资料、先农村后城市"的顺序渐进展开。哪个领域时机成熟，哪个领域就先推进。当期改革积累的经验和教训为后续改革提供借鉴，不断探索，力图降低改革的消极影响和成本。从实践看，20 世纪 70 年代，中国农村就已经存在小规模、自发的"非法"农产品市场，按照市场机制和定价原则进行交易，这成为后来提高农产品价格，不断缩小工农"剪刀差"的农村价格改革的基础。总结农产品价格改革的经验，在计划价格的基础上，城市消费品价格改革按照供求关系和社会承受力，先调价后逐步放开，不断深化。"价格双轨制"和"价税财联动"是价格改革的两次重要尝试，其基本思路也是通过渐进过渡逐步实现全面改革，以避免一次性放开带来的市场体系混乱。从改革开放的历程看，无论财税体制改革、金融体制改革，还是国有企业改革，都具有明显的渐进性和增量改革特征，这也成为中国经济体制成功转轨的重要经验。

价格改革也充分体现政府改革的决心和智慧，并形成良好的学术讨论氛围。中国价格改革的推进并非一帆风顺，而是在不断遭遇困难和挫折中艰难前行。仅 1980 年至 1990 年的十年间，就爆发了三次比较明显的通货膨胀①。即便如此，政府依然没有放弃价格改革的初衷，坚定不移地推进改革。在应对改革过程中遇到的困难时，政府一方面采取多种手段配合，消化改革的负面影响，如在通货膨胀时期，运用财税金融、调整工资、价格调节基金等手段，减少物价飞涨的影响；另一方面积极组织学术界对改革的思路进行大讨论，通过解放思想来探索最佳路径。在价格改革的大讨论中，中国学术界不断认识到马克思主义理论中国化的重要性，要避免生搬硬套；也认识到西方经济学理论并非一无是处和完全谬误，其对市场运行机制的论述有其合理性和科学性（温桂芳，2008）。对不同理论的兼容并蓄，鼓励各种思想讨论，是不断进行理论创新的关键。

## 6.2　中国价格改革取得的伟大成就

经过 40 年的不懈努力，价格形成机制和管理体制改革取得伟大成就。市场机制在商品价格形成中起到关键的作用，资源配置逐步合理化；理顺不同商品的比价关系，也成为产业结构调整优化的关键。

### 6.2.1　价格形成机制市场化改革稳步推进

起初，价格改革的基本目标就是通过价格形成机制的改革，理顺价格体系，形成合理的比价关系。一方面，以合理的价格水平激励生产，扩大

---

①　分别为 1980 年、1985 年和 1988—1989 年。

供给，提高商品质量；另一方面，通过鼓励竞争，促进基本生活消费品价格的下降，逐步提高居民生活水平。这两个目标均需要通过建立市场竞争机制来实现，除少数关系国计民生的商品之外，在基本消费品领域逐步减少政府直接定价和政府指导价的比重，是价格形成机制改革的核心内容。

继 1984 年《中共中央关于经济体制改革的决定》指出价格改革的重要性之后，1987 年党的十三大明确提出要逐步建立少数重要商品和劳务价格由国家管理、其他大量商品和劳务价格由市场调节的制度。1992 年，价格主管部门重新修订中央价格管理目录，将政府管制的定价商品和服务由近800 种减少至 141 种。2001 年国家计委公布中央定价目录，将中央政府制定价格的商品和服务减少至 13 种。2015 年国家发展改革委价格司公布《中央定价目录（征求意见稿）》，将中央定价项目减少至 7 种。至此，除公用事业、公益服务和自然垄断行业之外，与居民生活息息相关的绝大多数商品和服务已经实现市场化定价。2016 年，市场调节价比重已经达到97.01%，其中第一、第二、第三产业价格市场化程度分别达到 100%、97.37%、95.9%[①]。

## 6.2.2　不断探索政府定价机制的合理性和科学性

对于暂时没有放开由市场形成价格的公益性服务、公共事业品和自然垄断产品，其价格管理的重要内容就是政府定价的成本监审。2002 年，国家计划委员会出台《重要商品和服务价格成本监审暂行办法》，作为政府定价或政府指导价商品成本监审的规范文件。2006 年，国家发展改革委在该暂行办法的基础上制定出台《政府制定价格成本监审办法》，使得审核的程序更加科学合理。2017 年，国家发展改革委讨论通过修订后的《政府制定价格成本监审办法》。该办法对政府定价或者政府指导价商品的成本核定中，有关损耗、工资和相关福利费用、社保费用、固定资产折旧、维修费用、管理费用、不合理费用等均作出具体规定，使得审核的时间更短、程序更简化、规则更细化、监审覆盖面更广泛。据统计，2013—2016 年，通

① 国家发展和改革委员会价格司.简政放权　创新机制　党的十八大以来价格改革取得突破[J].价格理论与实践，2017（10）.

过对 20 多个垄断行业、公用事业、公益服务等行业进行成本监审，核减不应计入定价成本的费用约 8000 亿元①。不仅如此，针对不同行业的具体特征，价格主管部门先后出台《关于进一步加强垄断行业价格监管的意见》《国家发展改革委定价成本监审目录》等定价或成本监审办法。这些举措极大提高了政府定价或政府指导价的科学性，不断促进相关行业价格的合理下降，提高居民福利水平。

### 6.2.3　逐步理顺各类商品比价关系，基本保障民生价格稳定

计划经济时期，价格领域存在着比价关系严重不合理的现象。以工农比价为例，据统计，1952 年至 1983 年，政府通过农业税与工农业价格"剪刀差"，从农民那里拿走 6868.12 亿元，而国家财政与信贷支农资金合计仅 2326.09 亿元②。随着国家对"三农"问题的重视，各种惠农政策不断出台，农产品价格稳步提高，工农"剪刀差"不断缩小。据统计，工农综合"剪刀差"从 1995 年的 0.4536 缩小至 2011 年的 0.2321；工农价格"剪刀差"从 1995 年的 0.0926 下降至 2011 年的 0.0213③。不仅工农"剪刀差"问题得到明显缓解，工业品内部比价关系也得以理顺，在一定程度上解决了计划经济时期原材料价格过低、上下游价格倒挂问题。

除理顺比价关系之外，改革开放 40 年来，价格工作的重点内容之一就是保持民生产品价格的稳定。一方面，通过商品储备制度、价格调节基金和副食补贴等经济手段，调节重要商品供给，保障粮食、肉禽蛋等生活必需品的价格稳定，稳定居民支出水平；另一方面，通过实行价格调控目标责任制（如"菜篮子""米袋子"、市长省长责任制等），医药、景区门票等专项价格整治工作，保障居民生活支出不会出现过快上涨。

---

① 国家发展和改革委员会价格司. 简政放权　创新机制　党的十八大以来价格改革取得突破 [J]. 价格理论与实践，2017（10）.
② 许经勇. 论农业资金积累的两种基本形式 [J]. 经济科学，1990（1）.
③ 祝树金，钟腾龙. 中国工农"剪刀差"系统模型构建及实证研究 [J]. 经济问题探索，2014（2）.

### 6.2.4 积极推进价格管理体制改革，维护良好的市场秩序

维护良好的市场秩序，避免市场机制失灵导致的福利损失，也是价格管理体制改革的重点内容。改革开放以来，价格主管部门以规范定价行为、促进良性竞争为出发点，积极推进《价格法》的出台，实现以法律为依据，打击不合理定价和不合理竞争行为。目前，在相关法律法规建设方面，以《价格法》为核心，不断制定和完善各类相关法律法规建设，特别是居民关心的药品、义务教育、民航和邮政、农产品成本调查、价格听证、行政事业性收费等相关规定的建设。同时，通过不断规范和简化行政审批手续、督查和清理不合理收费现象等，为企业经营合理减负。仅 2016—2017 年，国家发展改革委通过印发《关于开展全国涉企收费政策落实情况督查的通知》（发改价格〔2016〕1748 号）等文件，积极实现对企业的减负。据统计，截至 2017 年 8 月底，通过开展降本清费工作，合计减轻企业负担超过 4200 亿元。

## 6.3 对价格领域存在突出问题和矛盾的思考

时至今日，价格改革基本实现改革开放之初设定的大部分目标。但是，也应该看到，渐进、局部和增量改革带来了诸多久拖未决的问题，使深化改革的难度不断加大。某些历史遗留问题已经成为增长方式转型和经济结构优化的障碍。某些新时期产生的新问题，急需理论创新引导改革实践。明确深化改革的重点领域，着力解决当前困扰价格改革的主要矛盾和突出问题，借鉴历史经验以深化改革，成为未来价格工作的重点内容。

### 6.3.1 在垄断领域处理好政府与市场的关系是深化价格改革的突出问题

从改革开放后的价格改革历程看，其一直围绕着处理政府与市场的关系展开。无论是农村价格改革、城市生产资料价格双轨制、"价税财联动"改革，还是"放开价格形成机制、发挥市场定价基础作用"的提出，都是在追求市场定价效率与保持政府定价指导权之间寻求平衡。

经历 40 年的改革，一般性商品价格应放开由市场形成已经基本达成共识。但是，中央提出的"凡是能由市场形成价格的都交给市场，政府不进行不当干预"的改革基本原则，是否适用于垄断性行业，依然是困扰当前价格改革的问题。现阶段，价格改革最突出的问题，就是如何在垄断行业定价改革中理顺政府与市场的关系。垄断行业的价格形成机制和管理体制改革一直是中国价格改革的重中之重。对垄断定价问题的讨论在不同的阶段有不同的侧重点，从而构成了不同时期垄断价格改革政策出台的理论依据。

第一，计划经济时期从剩余价值和平均利润的角度认识垄断定价。改革开放初期，由于我国实行政府计划经济和政府定价，对垄断定价研究的主要出发点是依据劳动价值理论，探讨市场经济体制下垄断定价是否以价值为基础，是否属于正常的市场定价。有的研究提出，如果遇到垄断或者自然垄断障碍而形成的垄断价格，这依然是以商品价值为基础的，是商品价值的转化形式。垄断价格是市场价格的调节者。垄断商品多得到的利润部分将通过工资在工人与资本家之间分配（魏埙，1980）。垄断企业的规模巨大、资本有机构成高，利润率下降速度快；不断改进生产技术、损耗巨大；需要调节生产和限制生产，导致减产时企业损失巨大，所以垄断企业必须获得垄断利润。垄断利润中不仅包含其他行业劳动者创造的剩余价值，甚至包含部分居民收入。垄断价格是垄断组织在考虑市场供求变化的条件下动态调整的价格，因此是以商品价值为中心的，随市场供求情况变化而变化的，是一种市场价格（陈耀庭，1987）。因此，垄断价格具有一定的合理性，特别是关系国计民生的生活必需品或者自然垄断产品，其价格依然是以价值为基础的，垄断利润也应在企业所有者、工人，甚至居民之间进行合理分配。

也有研究反对垄断价格是市场价格的观点，认为垄断价格本身不是市场价格的调节者，垄断排斥利润率的平均化。垄断存在导致的价值基础远离平均利润，形成生产价格的扭曲和变形。这种扭曲和变形后的生产价格就是垄断条件下市场价格的调节者（李达昌，1981）。当然，这种排斥不是永恒的、全面的和持久的。垄断条件下还存在垄断组织与局外企业之间、垄断组织之间、同一垄断组织内部等各种形式的激烈竞争。

更为重要的是，垄断经济的形成会对价格总水平上涨产生重要的影响，价格的周期规律也将大大减弱。与通货膨胀不同，垄断导致的价格上涨不会均衡地遍及所有产品，而是循序渐进的过程，开始时发生在生产资料上面，然后迅速扩大到消费资料，最后转移到一切商品。当然，这种垄断价格引起的价格上涨，还必须以货币流通规模的扩大为前提条件。即使利润率依然呈现某种平均化的趋势，也有两类部门明显偏离平均利润率：一类是生产和资本高度集中的垄断化部门，获得高于平均利润率的利润水平；另一类是中小企业占显著地位的非垄断化部门，长期获得低于平均利润率的利润水平（刘颂尧，1986）。

从现实情况来看，认同垄断定价不是市场价格的观点成为主流。在这种认识的主导下，改革开放之初，对煤炭、油气、电力等具有垄断特征的产品，其定价政策基本都采取政府定价或政府指导价，为保障下游商品的生产供给，政府倾向于制定垄断低价，压缩行业平均利润率，保障国民生产和消费。当然，这在客观上也使垄断行业自身的发展受到严重制约。测算发现，1980 年至 1989 年的 10 年间，基础产业中某些基础产品的滞后系数分别为原煤 0.35、原油 0.50、发电量 0.25、成品钢材 0.31、木材 0.56、公路铺设 0.56、铁道铺设 0.59①。

第二，20 世纪 90 年代开始反思垄断定价的合理性和必要性。到 20 世纪 90 年代，改革开放带动市场化进程不断加快。理论界逐渐认识到，限制垄断行业的价格波动并不是好的选择，会限制行业的发展，导致产业结构不平衡。逐步引入竞争，通过价格机制优化资源配置，才是鼓励生产和促进行业发展的关键。所以，在这个时期，很多垄断行业定价也开始寻求市场化改革，只在某些领域保留垄断定价。

这个阶段对垄断定价研究的重点不再是价格与价值的关系，而是更多地从行业属性和经济安全的角度出发，提出之所以在某些行业保留垄断定价，一是源于行业的自然属性，如电网等自然垄断行业，如果不维护垄断经营，将产生效率损失，导致企业面临经营亏损并退出市场；二是对于关系国计民生的行业，政府出于维护经济安全的角度，必须实施垄断经营；

---

① 马洪等. 市场经济与经济计划 [M]. 北京：经济科学出版社，1993.

三是为保护居民消费者的福利，实施垄断经营和价格管制。

但是，随着研究的深入，越来越多的学者认识到，即使是在自然垄断行业，垄断定价的弊端也非常明显。胡元套（1989）指出，我国垄断价格存在的问题表现在三个方面：一是政府定价商品中的"双轨制"导致的"官倒""私倒"问题；二是地方政府出于自身利益考虑，运用已经下放到地方政府的定价权，保护本地区利益；三是垄断企业凭借垄断地位谋求高额利润和掌握国家资源。

在实践中，学术界和管理部门也逐渐认识到，由于信息不对称，政府很难准确识别企业成本，不能有效进行价格监管。同时，从国际经验看，在电力等自然垄断行业逐步引入竞争，也并不必然产生效率损失，相反可能会促进资源配置效率的提升，并提高居民福利水平。为此，价格主管部门开始针对垄断定价产生的问题进行改革，主要的改革措施包括区分垄断行业的不同环节，逐步放宽竞争性环节的管制，将完全垄断行业逐步变成垄断竞争行业。同时，进一步放松定价权，由原有的中央定价逐步下放到地方政府定价。

但是，这些改革措施并没有解决垄断定价产生的低效率问题，表现在垄断竞争行业提供产品和服务同质化、价格管理部门无法有效监管成本、消费者福利损失等。如刘树杰（1998）、王俊豪（1998）指出，规模经济要求形成的自然垄断多是由技术方面的原因形成的，引入竞争的关键在于区分不同的环节，在非网络环节引入竞争。对垄断行业进行价格管制，导致我国垄断产业价格大幅上涨与效率低下形成强烈反差。主要原因在于：一是无论"以价值为基础、适当考虑供求关系、合乎国家政策"，还是"兼顾需要与可能"的定价原则，都弹性过大、不易操作；二是成本和利润的测算主要以企业申报为依据，定价不规范；三是价格管制机构的监督制度没有建立。朱志明（2002）提出，垄断价格的主要问题是自然垄断行业经营者利用垄断地位倒逼政府虚高定价，擅自调整价格或者自立收费项目，价外加价或价外收费变相提高价格等。部分垄断企业承担稳定价格的责任，导致企业亏损的政策性因素和经营性因素模糊。价格监管不到位导致企业亏损和职工工资福利增长并存。同时，垄断商品定价权从中央政府下放到地方政府，而不是企业，这使得定价主体不明确，国有企业和政府之间在定价问题上采取"一事一议"的方式，价格形成机制的随意性较强。

2017 年 8 月国家发展改革委出台的《关于进一步加强垄断行业价格监管的意见》中提到："健全垄断行业成本监审规则，加快制定出台分行业的成本监审办法，明确垄断行业定价成本构成和具体审核标准，特别是细化职工薪酬、折旧费、漏损率等约束性指标……创新成本监审方式，鼓励引入第三方参与监审，提高监审效率。"这表明，政府对垄断行业成本监管正在向着精细化、科学化的方向发展。但是，由于各个行业之间的技术水平、管理方式差异较大，指标细化将导致成本监审难度越来越大，监管工作繁杂程度越来越高，依然没有避免成本核算原则弹性过大的问题。明确监管机构和引入第三方参与监管方式也正在探索之中，其政策效果有待进一步检验。

第三，从自然垄断和行政垄断的区别认识垄断定价。经过长期的研究和实践探索，由于技术和管理原因导致的垄断定价弊端正在逐步得到改善。从现阶段的实践看，垄断定价不仅仅是经济学问题。从生产技术和行业特点出发，研究探索技术进步和管理方式创新，很难解决垄断定价导致的低效率和福利损失问题。实际上，与自然垄断行业定价的技术原因相比，自然垄断与行政联姻，形成自然垄断、行政垄断等多种性质不同的垄断形态交织，其危害更加明显（卞彬，2007）。

很多研究指出，中国的反垄断主要是反行政垄断（张维迎、盛洪，1998）。行政垄断的主要危害在于，这种垄断是政府运用其行政权力排斥、限制市场竞争的行为或状态。行政垄断的主体是政府，来源于行政权力，具有强制性，目标具有多重性（王俊豪、王建明，2007）。改革行政垄断需要从激励机制、政企分离、国企改革以及企业重组等方面入手，形成配套改革措施。但是，由于垄断企业的特殊利益、反垄断的复杂性以及反垄断中的政府失灵等问题，对行政垄断行业的管制和价格形成机制改革仍然任重道远（张克中，2002；于左，2007；石俊华，2012）。

可见，在垄断行业定价机制改革中，处理好政府与市场关系的关键是将行业改革和政治体制改革相结合。进一步明确政府和市场的界限，合理剥离垄断行业承担的社会职责。完善激励机制和人事任免机制，以鼓励企业提高经济效益和保障企业资产保值增值。坚定垄断行业价格形成机制的市场化改革方向，并辅助以企业税收改革、收入分配改革和市场监管方式改革。

### 6.3.2　政府在价格调控和监督工作中面临诸多新的挑战

当前，国内外经济形势多变，价格形成机制和管理体制也面临很多新的难题和挑战。

**1. 宏观价格管理与微观价格干预之间界限不清[①]，导致调控难度越来越大**

比较突出的表现是，近年来房地产等资产价格波动剧烈、基本生活品价格暴涨、国际大宗商品输入性影响等，其根源是货币供给导致的广义价格总水平波动，属于宏观价格调控的范畴。但是，在实际的政策取向上，往往采取限价、限购等微观价格干预措施，难以从根本上解决问题。

当前，需要明确两个方面的问题，一是宏观价格总水平与货币供给之间的影响关系是怎样的；二是宏观价格管理是否能够兼顾资产价格波动。从转轨历程看，对于货币供给和价格总水平之间关系的认识存在很多争议。如有研究曾提出，总需求膨胀的起因是经济体制改革之后，政府失去对企业职工工资和消费及对非国有企业的直接控制，消费膨胀将成为导致通货膨胀的重要因素。因此，不能采取紧缩政策来应对，即货币政策是经不起检验的，由于现代金融技术的发展，货币本身的定义已经日益模糊，因而现在很难确定哪一个货币概念能作为经济分析的较好工具，以及货币流通速度的稳定性问题（华生、张学军、罗小朋，1988）。特别是在转轨时期，财政需要补贴企业进行改革。当时财政融资的主要手段就是依靠中央银行向商业银行贷款，从而补贴企业来实现的。而居民存款的增加客观上抑制了消费需求的膨胀，抑制了通货膨胀的发生。基于历史经验的总结，中国中央银行货币政策与价格总水平调节之间并没有形成严格的"目标制"关系（Sachs 和 Woo，1994）。正是由于那段历史的经验启示，时至今日，对于货币政策与通货膨胀之间的关系，在中国价格改革和宏观调控的过程中仍然存在争议。

---

① 吴敬琏. 全面深化改革的关键一步［N］. 人民日报，2015-10-19.

　　1994 年以后，随着对外贸易的不断增长，中国人民银行的基础货币投放渠道发生重要的变化。中央银行对财政的透支和贷款不断减少，外汇占款逐渐成为基础货币投放的重要渠道。1994 年，外汇占中央银行当年资产总增加额的 75.1%，而 1993 年这个比重只有 7%。自此以后，由于汇率等要素价格改革的滞后、经济增长方式转变等多种因素，货币政策与通货膨胀之间的关系变得更加复杂。

　　货币政策是否应该关注资产价格是另一个需要关注的问题。世界上很多国家中央银行都以"盯住通货膨胀率"作为单一的货币政策目标。但是随着资产市场价格剧烈波动带来国家经济危机的暴发，研究者呼吁将资产价格纳入货币政策框架。一方面，资产市场价格波动对实体经济具有重要影响，不容忽视；另一方面，资产价格走势蕴含的信息也有助于提前预知实体经济层面的变化。支持在货币政策中纳入资产价格的意见认为，随着技术进步，生活用品和生产资料替代率不断提高，消费品需求价格弹性越来越大，部分价格上涨将不能导致物价总水平快速上涨。虽然劳动力成本变动等因素将推动长期价格上涨，但是不会造成短期价格波动。作为替代弹性较小的初级产品，如食品、能源，其价格波动将导致物价总水平指标呈现结构性波动。无论诸如 CPI 等物价总水平指数波动是"整体性"的还是"结构性"的，都与资产价格波动有关，其传导途径包括：一是对资产价格事后修正导致货币供给量以及利率等货币政策工具的影响发生变化，从而影响实体经济；二是资产价格波动导致货币流动推高初级产品价格；三是资产价格剧烈波动导致经济增长速度放慢，以及币值变化对价格总水平的影响等。

　　但是，也有持反对意见，认为与消费品价格不同，资产价格是很难通过真实供求予以判断的。资产价格来源于投资和投机的需求，对预期的难以把握使得中央银行不能准确判断资产价格的走势，不能预防和调控资产价格。此外，中央银行政策只能改变短期利率形成，无法决定像房屋贷款等长期利率形成的过程。

　　无论争论结果如何，从实际操作层面看，资产价格确实对货币政策制定具有重要的影响，从而也影响价格总水平走势。特别是在工业、消费领域通货紧缩压力加大，而资产市场价格高涨时期，货币政策面临更加明显的两难选择。如何处理这个问题将是未来物价总水平宏观调控的难点。

**2. 缺乏有效管理价格的工具和手段**

经过 40 年改革开放，目前已经完成价格形成机制市场化改革，绝大部分商品价格由市场形成，政府定价和政府指导价商品种类不断减少。在缺乏直接干预价格的工具和手段情况下，政府常见的价格干预手段可以分为两类：一是通过价格补贴来实现调节价格的目标；二是通过税收特别是流转税的调整，来影响价格形成。

长期以来价格补贴一直是政府干预价格形成的重要手段。计划经济时期，价格补贴就是国家干预经济生活、干预价格运行而采取的一种行政与经济相结合的手段，国家采取这种手段的目的就是用价格补贴来代替价格调整（邓宦松，1981）。最初价格补贴的主要用途有三个：一是稳定市场和安定人民生活，约占 70%；二是用于支援农业生产和农业生产资料补贴，约占 10%；三是进口商品亏损补贴，约占 20%（乔荣章，1983）。

目前，价格补贴手段依然存在，而补贴的重点领域除了粮食等基本生活品之外，为了弥补市场失灵问题，政府也会对具有正外部性的产品进行价格补贴。例如，为缓解环境污染问题，2018 年北方部分地区实行"煤改气"工程。在这个过程中，政府对"煤改气"用户给予采暖用气 1 元/立方米的气价补贴。

对基本消费品进行价格补贴的弊端在于，类似补贴多是价外补贴，导致价格不能表现其价值，补贴越多，补贴时间越长，价格与价值背离越明显。特别是补贴与生产、消费和流通联系在一起，不但不能起到预期的效果，还会造成"增加容易减少难"的问题。以粮食补贴为例，为了保护农民收益，国有粮食企业按照高于市场价收购粮食，之后再由政府补贴国有粮食企业。这种补贴方式一方面可能导致农民无法直接获得补贴资金，损害农民的福利；另一方面也可能提高粮食的市场售价，扭曲资源配置。

对具有正外部性特征的产品而言，价格补贴依然不能起到预期的效果。以"煤改气"工程为例，价格补贴不能完全覆盖商品的使用成本，这导致短期内无法实现产品的完全替代，还减少了消费者选择的余地，且导致财政补贴压力加大。

运用税收手段影响价格形成则是政府干预价格的另一个常用手段。例如，近年来价格主管部门经常通过调整消费税，来达到控制油价波动的目的。实际上，这种做法混淆了价格手段和税收手段的不同作用。从转轨时期的经验看，价税财三者之间各自职能是难以割裂的。价格形成机制本身除传递信号并组织生产和消费之外，也有引导收入分配的作用。税收是价格的重要组成部分，财政收支也影响社会供求关系。在职能上割裂价税财的相互关系，这在理论上是失败的（王振霞，2017）。

通过税收手段调整价格，积极的意义在于减少政府行政命令干预，有助于发挥市场定价的资源配置作用。但是，其存在负面影响，即导致市场预期的不稳定，短期内会抑制供给或需求的形成，干扰正常供求关系对价格形成的作用。

另一个需要关注的问题是，新时期消费行为和技术进步导致价格形成方式多元化，市场监管难度加大。随着消费形式发生变化，国内电子商务行业发展日益完善，网上购物成为居民消费的重要形式之一。正是由于这种变化，电子商务等新兴业态和网上购物等消费行为开始呈现多样化，随之而来的价格欺诈行为趋于隐蔽化，而当前的相关法律法规建设仍不完善，价格监管和维护市场秩序的难度不断加大。

**3. 公共产品定价改革滞后，难以形成对低收入群体的有效保护**

迄今为止，公共产品和服务定价依然在政府定价范围内。从中国价格形成机制改革历史看，与普通商品相比，对公共产品和服务定价机制改革的讨论起步较晚。一方面，公共产品涉及政府职能、居民福利和行业发展等各个方面，其价格形成机制决定供给效率、产品质量和居民基本生活保障，改革难度较大；另一方面，由于在转轨时期，政府无法形成一个价格均衡机制，以达到兼顾政府、管制机构、被管制企业与享受公共产品的市民和企事业单位等各个利益集团博弈的均衡价格，所以只能采取行政垄断和政府定价的方式，这是公共产品定价缺陷的重要原因（周勤，2004）。

实际上，与垄断定价类似，公共产品定价已陷入"价格陷阱"，根本原因也在于国家行政垄断供给（姚力、张宗新，2002）。从公共产品和服务的价格改革实践看，借鉴垄断价格改革的思路，以价格改革促进供给效率的提高是改革的重点。如供水供电、城市燃气以及网络通信等，这就使得很多研究认为，公共产品价格改革的核心内容也应该是提高效率。在实践中，近年来的价格改革政策也基本遵循这个原则。

如果说价格改革的目标是促进竞争、提高效率的话，那么与垄断定价相比，公共产品定价改革的难度更大。因为随着技术进步，自然垄断产品也会面临市场竞争，如新能源对传统油气企业的竞争，民航、高速公路对铁路的竞争。但是，诸如教育、药品医疗、旅游景区门票等公共产品，如果不放松行政管制，仅仅通过技术进步因素提高供给能力，依然很难形成有效的竞争。

公共产品和服务价格改革的方向应该是在提高供给效率、保障基本需求的基础上，不断提升消费者自主选择的能力，促进社会公平和提高居民福利水平，应该是公共产品价格改革需要实现的更重要的目标。在提升居民福利水平的前提下研究公共产品定价问题，可以以不同的视角进行。著名转轨经济学家科尔奈曾提出①，研究转轨国家社会福利改革需要关注以下几个问题：一是是否建立个人在解决自身福利问题上的自主性原则；二是是否对那些几乎没有能力通过自身努力获得福利的人予以保障；三是是否形成有效竞争；四是遵循分散投资原则，允许将用于社会福利的储蓄采用几种不同的方式；五是政府应如何解决市场失灵的问题；六是如何保证社会福利资金支出的透明性；七是如何选择改革的时机；八是如何确定经济增长与社会福利投入之间比例的协调；九是如何保证政府在福利投资中资金来源的可持续。

从教育、医疗等准公共服务供给方式看，上述第二个方面的问题已基本得到有效的解决。如医疗教育改革的重点内容就是不断增加基本医疗服务和义务教育的覆盖比例，使得越来越多的人可以接受正规的医疗和教育服务。但是，在消费者自主选择、行业有效竞争、解决政府或市场失灵、资金使用透明度和可持续性，以及与经济增长水平相协调等方面的问题，尚没有得到较好的解决。以医疗体制为例，公立医院，特别是公立三甲医院在行业中具有不可动摇的垄断地位。目前财政对医疗的拨款基本都集中在三甲医院，没有实现分散投资。这也导致财政资金使用不具有透明度和可持续性。可见，公共产品和服务价格的改革不是简单地调价或者打

① 此观点为科尔奈教授1999年访问中国时提交论文的观点，后收录至《后社会主义转轨的因素》（科尔奈著、肖梦译，吉林人民出版社2011年版）一书。

击价格违法行为，而是在于如何降低进入门槛、有效引入竞争；形成政府和市场有效的边界，增强消费者自主性；提高资金使用效率，保障投入的可持续性。

与公共产品定价相关联的另一个重要问题是稳定民生价格，保护低收入群体的基本生活权益。计划经济时期，为配合价格改革的推进，价格主管部门多次调高农产品及生活必需品价格，为保护城乡居民基本生活支出不变，政府采取副食补贴、专项补贴等方式，平抑价格上涨的冲击。将基本生活消费品价格上涨作为城乡最低收入标准的重要参考指标，在一定程度上保障了低收入群体的基本生活福利。值得关注的是，计划经济时期，价格波动以食品价格上涨为主，医疗、教育和住房等基本由政府或企业提供。但是，随着基本公共服务的改革，租房、医疗、教育等价格快速上涨，逐渐成为支撑核心 CPI 上涨的重要因素。近年来，学前教育、医疗等服务价格持续上涨，对 CPI 上涨的拉动作用越来越明显。

为了更准确地衡量居民消费支出的变化，价格主管部门一方面通过对教育、医疗服务费等商品价格专项改革，打击违法行为来抑制价格上涨；另一方面调整 CPI 构成，提高医疗、房租等商品在 CPI 构成中的比重，实时监测居民消费支出的变化。

但是，由于城镇化、人口年龄结构变化等原因，这些措施并没有改变基本公共服务价格逐渐上涨的趋势。对于低收入群体[①]而言，基本公共服务价格上涨将导致其购买力下降和消费结构层次降低。为应对价格上涨，低收入家庭的消费行为将发生转变，他们会通过减少文化娱乐、医疗等健康和发展性消费，来换取衣食住行等基本生活消费；还可能通过减少非食品消费来换取食品类消费，减少营养食品消费以换取果腹食品消费（谭永生，2011；黄艳敏、张岩贵，2011）。

要解决这个问题，仅通过价格管理体制的改革将无法实现。未来价格调控和管理工作的重点是将确定合理的价格预警线作为常态化的工作。可借鉴改革开放初期价格补贴的做法，并不断创新补贴方式，如将临时性价格补贴和（节假日）一次性价格补贴相结合。同时，将医疗、教育和房租

① 主要是指非技能型劳动者、仅靠退休金生活的老年人、社会救济人口、边远地区贫困人口。

价格变化纳入补贴发放的标准中。此外，应继续发挥领导负责制的积极作用，严厉打击价格违法行为，将提高低收入群体福利作为政绩考核的重要内容。

# 6.4　中国价格改革 40 年的启示

"十三五"时期是深入推进价格改革、全面实现价格工作创新的关键转型期。党的十八届三中全会《中共中央关于全面深化改革若干重大问题的决定》提出，紧紧围绕使市场在资源配置中起决定性作用深化经济体制改革，明确要求完善主要由市场决定价格的机制。凡是能由市场形成价格的都交给市场。党的十九大报告明确指出："着力构建市场机制有效、微观主体有活力、宏观调控有度的经济体制，不断提升我国经济发展的创新力和竞争力。"这些目标的实现必须发挥价格机制的资源配置作用。深化价格改革、完善价格管理方式，是促进供给侧结构性改革和提升企业竞争活力的关键。

当前，影响物价走势的各类因素相互交织，价格调控难度不断加大。资源能源、教育医疗、公共服务等价格深水区改革进入攻坚阶段。随着市场业态不断创新，价格管理体制面临诸多新挑战。在这种情况下，总结改革开放 40 年来价格改革的经验，对深化当前改革、制定积极有效的应对措施，具有重要的意义。

第一，深入研究指导价格改革的基础理论，鼓励学术争鸣。从中国价格改革历史进程不难看出，深入的理论研究、自由广泛的争论和探讨、理论界与决策部门通畅的沟通机制是改革成败的关键。无论是价格双轨制改革、价税财联动改革，还是市场化改革，转轨时期以价格改革为代表的经济体制改革均是在自由讨论的氛围下开展的。在这个过程中，理论家逐步认识到僵化地认识马克思主义政治经济学的概念，片面地否定西方经济学的作用，将导致对很多重要的问题认识不清，无法为深化改革提供理论依据。百花齐放、百家争鸣是探索真理、发现真理的重要途径。以资源价格改革为例，从"资源能源商品没有价格"到"逐步完善资源能源价格形成机制"是转轨时期基础理论探索和争论的巨大进步。当前，涉及价格深水区改革，也应重视对基础理论的研究，包括自然垄断行业引入竞争、资源能源产品的完全成本定价、国内外价格联动的规律等。这对指导未来改革方向至关重要。

第二，坚定市场化改革的原则，逐步形成反应灵活的价格体系。明确在自然垄断行业引入竞争机制，进一步推进价格改革。从价格改革历史看，一旦涉及供水、电力和交通运输等具有自然垄断特点的行业，其价格改革推进难度就非常大。实际上，从国外发展经验看，有多种手段可以在自然垄断行业的不同环节引入竞争机制。要坚持市场化改革的导向，坚定不移地执行中央文件多次明确提出的在垄断行业中引入竞争的有关措施。但是，也应该看到，这些改革都是与居民生活相关度较高、长期被管制的领域，其改革难度大、涉及面广，改革效果难以预期。改革过程中供求关系的快速变化、利益集团的阻碍和掣肘，以及由成本上升带来的产业竞争力的下降和居民生活成本上涨等，不仅是重大的经济问题，也是关系到社会和谐稳定的政治问题。

第三，以价格形成机制促进市场竞争，优化资源配置。价格改革的关键是发挥价格的信号作用，以竞争促进供给质量的提升和消费品价格的下降，增强企业活力，增加社会财富和居民福利。对于已经放开由市场形成价格的产品，要重视相关价格管理制度的建设，鼓励公平竞争，严厉打击价格欺诈行为。对于尚未放开由市场形成价格的垄断商品，要借鉴转轨时期的经验，实施分步骤改革。具体来说，在相关理论的指导下，明确垄断商品价格改革的路径，在适合竞争的环节引入竞争，鼓励企业降低成本。之后，理顺产业上下游各环节的关系，制定调价的合理界限。

第四，明确价格改革的顶层设计，重视选择改革时机。深化价格改革需要顶层设计，运用各种配套政策实行综合改革，这涉及财税金融、政府绩效评价、社会保障等各项政策综合改革。从价税财改革的历史看，综合改革更加复杂和艰巨，涉及的范围更加广泛。深化价格改革需要慎重选择时机，避免在价格总水平波动比较剧烈的时期推进改革。同时，要更加重视运用经济手段予以调节，避免改革进程的反复。市场化的改革方向并不意味着完全的放开，不加管理。但是，政府价格调控不宜改变价格定价机制的透明性和可预期性。虽然当前价格管理部门主要通过税收等经济手段引导价格形成，而不是直接定价，但是由于政策制定的透明度不够，如税收等价格调控手段有明显的随意性，这将影响消费者的预期，不利于未来价格调控的顺利推进。

第五，明确在经济新常态下，价格改革需要承担的新任务。目前，大多数商品已经基本实现市场定价，政府定价或者政府指导价只在小范围内保留。这就使得价格主管部门直接管理价格的工具不足，必须依靠创新价格管理手段，才能找到有效地开展价格工作的着力点和可行途径。特别是随着消费形式发生变化，国内电子商务行业发展日益完善，网上购物成为居民消费的重要形式之一。正是由于这种变化，电子商务等新兴业态和网上购物等消费行为开始呈现多样化，随之而来的价格欺诈行为趋于隐蔽化，而当前的相关法律法规建设仍不完善，导致价格监管和维护市场秩序的难度不断加大。未来需要密切关注国内外经济形势、技术水平以及供求关系的变化，不断创新价格管理手段，维护正常的市场秩序。

## 参考文献

［1］卞彬．论公用事业行业垄断价格的特征与规制［J］．经济体制改革，2007（1）．

［2］陈淮．谁来承担石油进口的战略职能——对我国能源战略调整的建议［J］．中国石油月刊，1999（8）．

［3］陈耀庭．关于垄断利润和垄断价格的几个理论问题［J］．中国人民大学学报，1987（6）．

［4］陈书通．市场经济建立过程中的能源问题及战略对策构想［J］．中国能源，1993（7）．

［5］陈宗法，李旭媛．浅析能源价格改革的主要难点［J］．中国能源，1992（4）．

［6］邓宝松．论价格补贴的二重性与改革的途径［J］．经济研究，1981（10）．

［7］谷书堂，宋光茂．价格体系的"块间断续连动改革"与战略起步［J］．社会科学战线，1987（5）．

［8］胡昌暖．资源价格的实质［J］．中国物价，1992（6）．

［9］华生，张学军，罗小朋．中国改革十年：回顾、反思和前景
［J］．经济研究，1988（12）．

［10］华生等．中国改革十年：回顾、反思和前景［J］．经济研究，
1988（11）．

［11］胡元套．论垄断价格在物价上涨中的作用及其解决办法［J］．经
济科学，1989（4）．

［12］黄艳敏，张岩贵．CPI 上涨对低收入群体消费影响研究［J］．价
格理论与实践，2011（11）．

［13］姜绍俊等．关于解决能源价格双轨制的几点意见［J］．中国能
源，1991（7）．

［14］J．P．弗里特，薛桐．能源安全仍是头等大事［J］．国际石油经
济，1995（9）．

［15］李达昌．也谈垄断价格——与魏埙同志商榷［J］．财经科学，
1981（2）．

［16］吕福新．关于自然资源价格研究的意义和视角［J］．经济学
家，1991（5）．

［17］刘树杰．垄断性产业价格形成机制改革的基本思路［J］．宏观经
济管理，1998（8）．

［18］刘颂尧．垄断经济结构中的价格问题［J］．世界经济，1986
（4）．

［19］乔荣章．价格补贴的沿革、现状及其作用［J］．价格理论与实
践，1983（1）．

［20］谭永生．物价上涨对城市低收入群体的影响及对策［J］．中国物
价，2011（8）．

［21］石俊华．中国反垄断政策实施面临的挑战与对策［J］．云南社会
科学，2012（3）．

［22］宋光茂．价格体系改革的突破口应选在何处？［J］．价格月
刊，1985（5）．

［23］宋光茂．价格体系的战略性改革思路——价格体系改革的再探索
［J］．南开经济研究，1986（12）．

［24］佘运九. 自然资源价格的理论及其实施［J］. 河北地质学院学报，1992（3）.

［25］温桂芳. 价格改革 30 年：回顾与思考［J］. 财贸经济，2008（11）.

［26］吴敬琏，刘吉瑞. 竞争性市场与价格改革［J］. 浙江学刊，1988（10）.

［27］吴敬琏，王育琨. 90 年代初的价格体制态势与价格改革［J］. 经济研究参考，1992（3）.

［28］王俊豪. 论自然垄断产业的有效竞争［J］. 经济研究，1998（8）.

［29］王俊豪，王建明. 中国垄断性产业的行政垄断及其管制政策［J］. 中国工业经济，2007（12）.

［30］王学栋等. 我国石油价格形成机制的建立与完善［J］. 中国物价，2006（4）.

［31］魏埙. 什么是垄断价格［J］. 世界经济，1980（9）.

［32］王振之，王永治，贾秀岩. 近年来价格理论讨论的简要介绍［J］. 中国社会科学，1982（5）.

［33］王振之. 关于价格形成基础问题的探讨［J］. 江汉大学学报（社会科学版），1985（12）.

［34］王振之. 深化价格改革的几个问题［J］. 财贸经济，1988（7）.

［35］王振霞. 价格改革的学术论争与阶段性特征［J］. 改革，2014（3）.

［36］王振霞. 转轨时期的中国价税财改革：争论与启示［J］. 财贸经济，2017（2）.

［37］于立. 资源价格新论［J］. 财经问题研究，1994（2）.

［38］姚力，张宗新. 论公共产品供给的"价格陷阱"［J］. 学习与探索，2002（2）.

［39］于左. 企业集团引发的反垄断难题［J］. 中国工业经济，2007（12）.

［40］杨圣明. 效率：价格改革成败的关键［J］. 数量经济技术经济研

究，1988（11）.

[41] 赵华荃，郭季莲. 努力提高能源利用经济效果促进国民经济发展
[J]. 统计，1982（4）.

[42] 张克中. 政府失灵、规制与我国反垄断 [J]. 上海经济研究，
2002（1）.

[43] 张维迎，盛洪. 从电信业看中国的反垄断问题 [J]. 改革，1998
（2）.

[44] 周勤. 转型时期公用产品定价中的多重委托—代理关系研究
[J]. 管理世界，2004（2）.

[45] 张卓元，边勇壮. 价格改革仍然是经济体制改革的关键——兼与
厉以宁同志商榷 [J]. 商业研究，1987（3）.

[46] 张卓元. 九十年代需重点推进要素价格改革 [J]. 经济研究，
1992（11）.

[47] 张卓元. 中国价格改革的艰难历程与光明前景 [J]. 财贸经
济，1990（7）.

[48] 张卓元，王振之，杨圣明，等. 深化生产资料价格改革 [J]. 中
国物资流通，1988（5）.

[49] 张卓元. 当前经济改革重点是政府改革 [N]. 中国证券报，
2014-04-15.

[50] 张卓元. 按市场经济的要求搞好价格体制改革 [J]. 瞭望周
刊，1992（10）.

[51] 朱志明. 深化改革是解决当前垄断问题的关键 [J]. 改革，2002
（6）.

[52] Jeffrey Sachs, Wing Thye Woo, Stanley Fischer and Gordon
Hughes. Structural Factors in the Economic Reforms of China, Eastern
Europe, and the Former Soviet Union [J]. *Economic Policy*, 1994, Vol.
9, No. 18：101-145.

[53] Steven N. S. Cheung. A Theory of Price Control [J]. *Journal of Law
and Economics*, Vol. 17, No. 1（Apr., 1974）：53-71.

# 第7章 新常态新理念下价格工作的创新研究

　　当前影响物价走势的各类因素相互交织、相互影响，准确判断和预测价格走势的难度不断加大。物价走势的复杂性也对制定宏观调控政策提出新的挑战。虽然经济中高速增长和结构调整正在成为新常态，但是以往制定宏观政策的惯性依然存在，并可能随时改变市场预期。在这种条件下，应理性看待当前物价走势的新特征，以及可能发生的新变化，只有正确认识物价调控工作的新挑战和难点，才能积极制定应对措施。

　　与通货膨胀时期相比，物价总水平平稳运行时期是深化价格改革的有利时机。推进资源能源、教育医疗、公共服务等价格深水区改革，有助于充分发挥市场配置资源的决定性作用，是国家全面改革的重要抓手。推进和深化价格改革，需要关注民生事业，改革不能以牺牲低收入群体的福利为代价，这样才能保证改革的持续性。针对近年来国内外市场价格联动趋势明显的特征，密切关注国内外市场重要商品走势也是价格调控工作的重要组成部分。

## 7.1 新常态下价格总水平调控的新变化和新任务

　　如何认识新常态下经济工作运行的新特点和新任务是当前和今后一段时期经济工作的重要内容之一。对于价格管理部门而言，深化对新常态的认识，在新形势下创新性地开展物价管理和调控的工作，是亟待解决的重大问题，是未来开展工作的重要原则。

　　**1. 影响国内外经济走势的因素日益复杂，加大价格总水平调控的难度**

　　综合来看，影响国内外经济和价格总水平的各类因素的走势均具有不确定性。从内需看，虽然消费增速趋于稳定，网络购物等新型消费形式发展速度较快,但其所占消费总额比重仍然较低。从外需看,美国实施积极财政政策为世界经济复苏提供适当的刺激,但是欧盟和日本等主要经济体政策方向的不确定性将可能继续拖累全球经济增长。与发达经济体相比,发展中国家普遍面临着债务危机和政治风险,这也将导致全球经济复苏缓慢。

从投资角度看,作为国内主要投资领域的房地产行业,其发展明显受到政策调控影响。近期,国家发展改革委、银保监会和自然资源部等部委均表示,将通过住房金融制度改革、土地供给制度改革以及房地产税制改革等措施,继续实施控房价和去库存,并研究制定房地产业健康平稳发展的长效机制,未来投资和房租变化对价格总水平的影响不确定性加强。此外,随着政府加大力度实施供给侧结构性改革和去产能措施,上游行业将继续保持低位库存,这将有助于 PPI 继续上涨。但是,如果经济复苏速度慢于预期,那么产能过剩的总体趋势依然不会发生重大改变,未来 PPI 和 CPI 走势的不确定性将继续加强。

国际大宗商品的输入性影响值得关注。当前,受国际金融危机的负面影响,大宗商品的需求低迷,其价格飙涨没有经济增长的坚实支撑。但是,突发性地缘政治事件和国际资源能源领域的技术突破等,将加剧国际大宗商品的价格变化,从而导致国内价格总水平的波动性。上述因素的变化,均将加大价格总水平调控的难度。

**2. 价格总水平波动成为常态,通货紧缩和通货膨胀或将快速转换**

随着经济新常态的到来,国家更加重视经济运行的质量和持续性,更加关注结构调整、生产效率以及居民收入等领域出现的变化。经济增速的合理放缓,物价总水平持续走低。据此,有的研究认为,物价总水平的低位运行也是新常态的表现形式之一。实际上,经济增长率与价格总水平之间的关系并不是简单的数量对应关系。

首先,经济增长方式的转变和结构调整引致的经济增长率降低是长期问题,而价格总水平走势是短期波动,应区别看待。随着国家宏观调控政策的变化,短期内通货膨胀和通货紧缩之间或将出现快速转换。其次,要深入分析导致物价总水平走低的长期和短期因素,如果是经济生产效率提升或者成本下降导致的价格总水平下降,属于积极的因素,应鼓励和保持;

如果是总需求不足导致的价格总水平下降，属于消极因素，要引起重视，并选取适当的政策工具予以解决。最后，应明确物价总水平走势的波动区间，特别是当物价指数接近上限或者下限时，说明经济有进入通货膨胀或通货紧缩通道的风险，物价领域的问题可能会转化成经济运行中的风险，必须采取有效的宏观措施予以干预。

**3. 居住、服务类价格逐渐成为影响价格总水平变化的重要因素**

在构成 CPI 的八大类商品中，食品价格所占比重最高，服务商品价格占比不高，所以逐年上涨的服务商品价格并没有反映到 CPI 中。值得关注的是，近年来除食品价格以外，租房、医疗、教育等服务商品价格快速上涨是支撑核心 CPI 上涨的重要原因。从 2014 年开始，学前教育、医疗等服务商品价格持续上涨。房租和服务业价格上涨，导致与 2014 年和 2015 年相比，2016 年核心 CPI 上涨明显。

服务商品和公共商品定价机制是非常复杂的问题，涉及国家治理理念、政府与市场关系，以及低收入群体保护等。从总体趋势看，由于中国国内"人口红利"已经接近消失，劳动人口供给由过剩转向不足。同时，服务业劳动生产率提高速度慢于工业等原因，未来服务商品价格逐步上涨将成为必然趋势，特别是在大中城市将表现得更加明显。

## 7.2 新常态下价格调控工作的新挑战

**1. 价格总水平运行的结构性矛盾突出，CPI 与 PPI 走势分化**

自 2016 年下半年以来，PPI 呈现快速回升的态势。与 PPI 上涨幅度相比，PPI 上涨是否会通过向 CPI 传导引发普遍的通货膨胀，是值得关注的问题。我们认为，在供给大于需求的商品市场格局下，生产企业难以将增加的成本转移至最终消费品。主要原因在于以下三点。一是影响 PPI 走势的很多生产资料价格不是放开由市场形成的，而是国家定价或者管制价格，如石油、电煤等。除供需结构变化以外，国家还会根据经济发展形势，调整这些商品价格涨跌，从而导致 PPI 走势不完全反映供求变化。二是近年来影响 PPI 走势的主要力量是生产资料价格走势，对 CPI 影响较大的生活资料价格在 PPI 中所占比重不高，且波动不大，这也是导致两者走势不一致的原因。三是劳动力价格波动是影响 CPI 和 PPI 的重要原因，但是由于生产资料部门与消费品和服务业从业人员工资变动趋势不同，也导致 PPI 与 CPI 走势不一致。在短期内，如果 CPI 和 PPI 走势继续分化，将导致价格调控政策的难度不断加大。特别是在国际市场影响日益明显以及国内财政、货币政策走势不确定性加强的条件下，CPI 与 PPI 走势背离应引起重视。

**2. 价格改革进入深水区，改革的后续影响尚难预计**

近年来，价格改革的重点基本集中在资源能源、医疗等服务产品以及交通运输等行业。价格改革的总体思路是基本放开竞争性领域和环节价格，目的是理顺价格关系，降低实体经济经营成本，促进经济体制转型。其中，从资源能源价格改革的取向看，国家重点实施的措施包括继续推行有区别的阶梯电价、阶梯水价政策；完善居民用天然气价格形成机制改革；推进电煤价格改革，继续推进输配电价改革；通过资源税费改革促进绿色环保战略的实施。但是，改革的推进速度较慢，且有倒退的迹象，如当前电价又恢复了竞价上网等。能源价格市场化改革的滞后，特别是电力体制改革的滞后，将使得大用户直购电等新型改革方案不能达到预期的效果，也不能真正降低企业用能成本。

以资源税费调整和阶梯价格为代表的资源能源价格改革，核心思想是通过将资源消耗产生的负外部性内化到价格中，以价格为手段促进能源结构调整和经济转型，实现绿色发展战略。如果这些改革措施顺利推进，或将导致用能成本的进一步上升，从而抬高生产资料的价格水平。在推进改革的过程中，应注意到，将环保成本纳入能源价格并不是实现绿色发展战略的唯一途径。能源比价关系的不合理是阻碍绿色发展战略实现的重要原因，一味提高能源价格只能增加企业用能成本。从国际经验看，研究结果显示，美国在 20 世纪 70—80 年代比 40—70 年代的经济增长速度平均慢 1.2 个百分点，1973—1985 年的经济增长速度减慢了 1.91 个百分点，主要原因有两个：一个是不断高企的石油价格；另一个是政府为了实现环境保护而实施过度环境管制。过度环境管制将抑制企业资本积累的数量和速度，也制约社会消费水平，抑制经济的长期增长。总体而言，实现绿色发展战略需要依靠政府政策扶植和企业技术创新，提高能源使用效率，尽快实现清洁能源对传统化石能源的替代，而不仅仅是将环保成本纳入价格。这也导致，资源能源等价格改革的推进难度比预想的要大，后续影响也较难预计。

**3. 政府直接定价职能有所弱化，价格调控难度加大**

目前，大多数商品已经基本实现市场定价机制，政府定价或者政府指导价只在小范围保留。这就使得价格主管部门直接管理价格的工具不足，必须依靠价格管理手段的创新。特别是随着消费形式发生变化，国内电子商务行业发展日益完善，成为居民消费的重要形式之一。正是由于这种变化，电子商务、网上购物等消费行为开始呈现多样化趋势，随之而来的价格欺诈行为开始出现隐蔽化趋势，而当前的相关法律法规建设仍不完善，导致价格监管和控制的难度不断加大。

**4. 未来需加强对国内外市场重点商品的价格管理和预警能力**

从当前趋势看，未来影响国内价格总水平走势的重要商品依然是农产品。农产品价格改革的重点是推进市场化改革，但不是简单放开，而是建立农产品价格宏观调控体系。不断完善对粮食的最低收购价格政策，探索农产品目标价格制改革，以及正确处理价格改革与补贴之间的关系，缓解肉禽、蔬果、粮食等重要农产品价格的剧烈波动，保障农产品稳定供给。这需要价格主管部门开拓价格管理的思路，不断完善改革的方案。

同时，高度关注国际大宗商品价格走势，建立对国际市场的价格预警机制，预防输入性问题也是未来工作的难点和重点。随着世界经济复苏、页岩气革命、可燃冰技术的突破性进展、美元汇率变动以及地缘政治新变化，国际大宗商品价格走势的决定因素日益复杂，预测难度越来越大。为防止国际大宗商品价格过度波动对我国价格总水平产生冲击，应增强价格敏感性，有效地利用金融市场工具规避价格风险。同时，完善国内大宗商品储备制度，提高供求管理的能力。

## 7.3 新常态下价格调控工作的原则和思路

**1. 重视环比价格指数对未来价格总水平走势的预测作用**

一般而言，对于价格总水平走势的分析主要采用居民消费价格指数（CPI）、生产者价格指数（PPI）和 GDP 平减指数作为分析工具。从数据频率和可获得性上看，CPI 的同比价格指数是应用最多的指标。但是，随着中国结构调整和变化，主要反映消费品价格走势的CPI指标对经济运行态势的反映程度有新的变化。

一方面，今后应更加重视PPI、国内行业价格指数以及国际市场价格指数的变化趋势，综合分析和预测物价总水平。

另一方面，由于同比数据受"翘尾因素"（或称为"基数效应"）影响较大，往往不能对当前物价形势作出准确反映。中国人民银行等机构也呼吁重视经过季节调整的环比数据对物价形势判断的重要作用，特别是经过季节调整的环比数据，能够更加敏锐地反映物价领域的变化。未来应高度重视环比价格指数对价格总水平的预测作用。

**2. 坚定不移地支持市场化改革方向，切实深入推进深水区价格改革**

明确在自然垄断行业引入竞争机制，进一步推进价格改革。从价格改革历史看，一旦涉及供水、电力和交通运输等带有自然垄断特点的行业，其价格改革推进难度就非常大。实际上，从国外发展经验看，有多种手段可在自然垄断行业的不同环节引入竞争机制。坚持市场化改革的导向，坚定不移地执行中央文件明确提出的在垄断行业中引入竞争有关措施，合理价格形成机制必将有利于深化改革。

但是，也应该看到，这些改革都是与居民生活相关度较高、长期被管制的领域，其改革难度大、涉及面广，改革效果难以预期。改革过程中供求关系的快速变化、利益集团的阻碍和掣肘，以及由成本上升带来的产业竞争力的下降和居民生活成本上涨等，不仅是重大的经济问题，也是关系到社会和谐稳定的政治问题。

**3. 对影响CPI走势的重要商品由"需求管理"转向"供给管理"**

对农产品价格管理，重点内容包括三个方面。

一是稳步提高粮食价格上涨的速度。继续加大对种粮农民的补贴力度，抓好落实按农民实售数量全额补贴和直补到户。组织物价、粮食等相关部门开展联合检查，加强市场监管，严厉打击损害粮农利益的行为，保障市场有序竞争。

二是建立对生猪和蔬菜等产品的供给管理。加强对生猪、蔬菜生产、流通和销售过程的监督和监管，建立生产消费的预警机制，合理引导生产。对猪肉和蔬菜的供应需要同时发挥"看不见的手"和"看得见的手"的作用：当供给紧张价格大涨时主要依靠市场调节，辅以政府适当抛售以平抑市场价格；一旦出现供给过剩价格大降时，应充分发挥政府作用，及时出手收购储藏，以保持价格和供给的稳定，防止价格和生产的大起大落。同时，切实采取有效措施降低流通成本。具体措施应包括：加强农产品流通基础设施建设，规范市场秩序，完善石油价格的接轨机制，加强产销连接降低农产品的运输成本，降低农产品批发市场和零售市场的摊位费，取消各种不合理的收费和罚款，提高农产品流通的信息化水平，做好产销对接工作，构建蔬菜生产与销售的市场信息网络，做好农产品尤其是鲜菜滞销的应急措施。

三是重点关注食品价格稳定政策的配套措施建设，包括对国际能源、粮食市场价格的监控和风险对冲。今后，应根据国内粮食、肉禽等消费特点，不断调整和完善食品进出口政策和战略，从而既保障国内食品供给充足，又能充分利用国际市场的有益补充。今后，还应切实落实清费减税措施，减轻税收对物价的推动作用。此外，在提高对食品价格上涨容忍度的同时，也要高度关注低收入群体和困难群体。在积极进行收入分配制度改革的基础上，重点保障其基本消费需求，不断提高其营养摄入水平和食品安全。

**4. 注重防范国际市场价格风险的传导，合理对冲风险**

高度关注石油、天然气和农产品等国家大宗商品价格走势变化，及时调整我国进出口政策，防止国际市场价格风险对国内实体经济的冲击。利用国际原油等大宗商品价格低位运行的有利时机，完善石油、液化天然气等重要商品储备制度。鼓励资源能源企业走出去，扩大能源领域国际合作。大力发展能源期货等金融市场，用金融工具对冲能源贸易价格风险。加大对国内垄断能源企业的成本审核力度，完善国家补贴政策，逐步形成科学合理的国内外价格联动机制。

**5. 重视低收入群体保障问题**

在价格总水平频繁波动时期，对低收入群体的保护已经引起国家有关部门的重视。如2016年，国家发展改革委、民政部、财政部、人力资源社会保障部、国家统计局五部门联合印发《关于进一步完善社会救助和保障标准与物价上涨挂钩联动机制的通知》（以下简称《通知》），表示当单月

CPI 同比涨幅达到 3.5%，或 CPI 中的食品价格单月同比涨幅达到 6% 时，各地应启动社会救助和保障标准与物价上涨挂钩的联动机制，向保障对象发放价格临时补贴。《通知》旨在主动适应、把握、引领经济发展新常态，有效应对当前价格运行的新特点、新变化，更好地发挥联动机制作用，确保困难群众基本生活水平不因物价上涨而降低。在未来的实践中，应尽快出台相应细则，根据各地不同情况制定具体实施办法。

**6. 加大力度清理经营性收费**

对于已经形成完全竞争的行业，取消不合理收费；对于公用事业、没有完全形成竞争的行业，切实降低收费标准、规范定价程序，准确核定成本，降低偏高标准。彻底取消各地区的不合理收费，降低企业成本。